高校の「女性」校長が少ないのはなぜか

都道府県別分析と女性校長インタビューから探る

河野銀子・村松泰子　編著

村上郷子・高野良子・池上　徹・木村育恵・田口久美子・杉山二季　著

学文社

まえがき

　男女共同参画という言葉が，多くの人に知られるようになってきた。日本社会のさまざまな分野で活躍する女性も以前よりは増え，家事や育児に積極的にかかわる若い男性もみられるようになっている。わたしたちの社会が男女共同参画実現に向けて歩み始めていることはたしかだ。

　しかし，学校教育の場に目を向けてみると，男女共同参画を実現しているとは言い難い。性差別的な教育制度や教育内容などは徐々に解消されてきたものの，そこで教えている教員の世界は，校種や職位による性別分離がみられる。幼稚園や小学校の教諭は女性が多いが学校段階が上がるにつれて女性の比率は下がり，どの校種においても職階が上がるほど女性の比率が下がる。公立学校の場合，小学校でこそ校長に占める女性比率が2割程度（18.4％）に上昇してきたものの，中学校は5.3％でしかなく，高校は4.8％とさらに低い。いまだに，こんなに低いのはなぜなのか。

　ところで，戦後日本の学校教育を概観してみると，高等学校の位置づけや意味づけの変化はきわめて大きい。高校進学率や大学等への進学率の上昇の影響をまともに受けて，生徒層が大きく変わり，それに応じて教育内容や教育目標を変容させてきたからである。加えて，昨今では，少子化による学校の統廃合や再編，教育の場への新自由主義的価値などの導入が，これまでの学校組織や運営の在り方に見直しをせまり，新たな管理職像が模索されるようになっている。

　このような状況から高校の女性管理職に関心をもって共同研究を始めたのは，2006年頃であった。当初は研究費もなく手弁当で勉強会を開いていたが，昨年度はカシオ科学振興財団，今年度から3年間は科学研究費助成事業（学術研究助成基金助成金）による研究助成が受けられることになり，この問題に対する社会的認知度の高まりを感じながら，研究活動を加速してきたところである。また，本研究の調査において，全国の多くの公立高校の校長先生がインタビューに応じてくださった。ご協力をいただいた皆様に，心からお礼を申し上げる

と同時に，今後さらに研究を展開させることによって，あらゆる分野における男女共同参画社会の形成に寄与していきたいと思う。

　本書の完成にあたり，支えていただいた多くの方々に感謝するとともに，本書を手に取ってくださった皆様からの忌憚なきご意見をお待ちしている。

2011 年 9 月

編者　河野　銀子

目 次

まえがき　　i

序　章　高校の構造変容と「女性」校長をめぐる現状──本書のねらい── 1
1．はじめに　　1
2．先行研究　　3
3．高校という組織　　11
4．本書の構成　　19

第1部　女性校長をめぐる国内外の動向

第1章　女性校長をめぐる国際的傾向 24
1．はじめに　　24
2．公立の女性教員と女性校長の現状　　24
3．スクールリーダーシップをめぐる世界と日本の現状　　27
4．「経営力」のアメリカの校長と「教育力」のフィンランドの校長　　33
5．結　論　　44

第2章　日本における女性教員のあゆみ──歴史的変化── 48
1．はじめに　　48
2．女性教員のあゆみ　　50
3．女性校長の登用と拡大過程　　59
4．まとめ　　67

第3章　都道府県別にみた女性校長の現状と背景 73
1．都道府県別にみた女性校長の実態　　74
2．女性管理職登用に関する都道府県の取組み　　83

第4章　都道府県「男女共同参画計画」にみる
　　　　女性教員のキャリア形成課題 …………………………………… 88
　1．はじめに　88
　2．教育・学習における男女共同参画推進と教員研修　90
　3．女性教員の管理職登用をめぐる「男女共同参画計画」の記述と特徴　100
　4．教員世界のキャリア形成に対する「男女共同参画計画」の現状と課題　104

第5章　女性校長比率に差を生み出す要因 ……………………………… 107
　1．分析の枠組みとデータの概要　107
　2．分　析　109
　3．女性校長比率に差を生み出す要因について：経年推移と学校種からの精査　118

第2部　女性校長のキャリア形成―インタビュー調査より―

　　第2部　はじめに　130

第6章　新任・中堅期 ……………………………………………………… 133
　1．初期の経験における力量形成　133
　2．立場・役職の変化と新たな視座の獲得　141
　3．女性教員の直面する壁　149
　4．まとめと考察　155

第7章　プレ管理職期 ……………………………………………………… 161
　1．小中学校教員の管理職への道　163
　2．高校教員の管理職への道　165
　3．まとめ　171

第8章　管理職期 …………………………………………………………… 174
　1．教頭としてのスタート　175

2．教頭としての仕事　179
　3．校長の仕事　183
　4．女性管理職として　189
　5．女性管理職を増やすために　192

　第2部　おわりに　196

終　章　今後に向けて……………………………………………199
　1．将来は校長というイメージ　199
　2．女性の校長が増えることの意義　201
　3．将来の校長職と女性の校長　203

　あとがき　206
　索　引　209

序章

高校の構造変容と「女性」校長をめぐる現状
本書のねらい

1 はじめに

　本書が注目するのは，公立高校の女性の管理職，とくに校長である。それは，高校の男性校長よりはるかに少なく，小中学校の女性の校長と比べてもかなり少ない。そこに注目する意義を述べておきたい。

(1)「女性」管理職

　ある職業がほとんど男性で占められているとき，接頭語のように「女性」とつけねばらない。現在の日本では，性別にかかわらず，管理職等のリーダー的立場を目指すことができるし，なることもできるが，社長や部長，官僚，議員などと同様に，学校管理職における女性はきわめて少ない。しかも，その傾向は長らく続いてきた。性差別的な制度がなくなっても，依然として管理職に占める女性比率が低いのは，暗黙の了解や不文律などが「ガラスの天井」となって女性の参画を阻んでいるからだといわれている。

　学校の校長や教頭も，男性がイメージされることがまだ多い。そのため，「女性」管理職と表現しなければ，われわれの研究関心や対象を正確に示すことができない。とりわけ，公立高校の「女性」校長は，4.8％と低率である。このような現状にあっては，無意識のうちに「校長＝男性」と思ったり，校長と聞けば男性だと「自然」に思う人々が多いのも当然であろう。そこで，本書では，「女性」校長という言葉をあえて使用することにした（ただし，以下では「」を

省略して表記する)。

　このようにすることで，高校の校長の約95％が男性で占められている現状が自然なのか，という問いを立てられるし，女性が5％に満たない背景を探ることができる。諸外国との比較や歴史的な経緯の中に位置づけるとともに，都道府県別に差がある現状を分析することで，低率となっているなんらかの要因が見いだせるに違いない。そしてまた，インタビューによって，少ないながらも校長を務めている女性たちの仕事ぶりを垣間見ながら，女性が管理職になることを阻む要因と今後の解決策を示したいと思う。

(2) 学校管理職に関する議論と実態—公立高校を取り上げるのはなぜか

　ところで，1990年代後半以降，学校における管理職の任用や養成のありかたをめぐる議論が活発化してきた。1998年の中教審答申においては，「3　校長・教頭への適材の確保と教職員の資質向上[1]」の中に任用資格と選考の在り方を見直すよう書き込まれている。また，2008年度に創設された教職大学院におけるスクールリーダーの養成も，学校管理職の養成と無関係ではないと考えられている[2]。こうした議論は，「学校の管理職にふさわしいのはどのような人材か」，そして「どう養成するか」というシンプルだが，根本的な問いを教育界につきつけた。

　だがそこに，明確なジェンダーの視点はみられない。先述した中教審答申も，「幅広く人材を確保」するために，「若手」から「積極的な任用」をするよう明記しているが，校長・教頭への女性の任用に関する記述はない。教職員には女性も含まれているのだから明記する必要がないという考えは現実をみていない。出産や育児によって多様性をもつ女性のライフコースを踏まえれば，キャリア形成の途中で中断や停滞が生じるのは明白である。仮に，それを視野に入れずに管理職の養成や任用を行うなら，女性は不利な立場となってしまう。たとえ能力や意欲が高くても，管理職への道からこぼれる女性が生み出されかねない。

　上述したように学校における管理職をめぐる議論に，とりたててジェンダーの視点があるようには思われない。しかし，実際の女性管理職比率をみてみると，都道府県による差がきわめて大きい。公立高校の校長の場合，20％という

高い比率を示す都道府県がある一方で,「0人」という都道府県もある。また,急激に増加した県もあれば,低率のまま変化していない県もある。これら都道府県による大きな差を,どう考えればよいだろうか。いうまでもなく,公立学校の管理職人事の決定は各都道府県の教育委員会が行う。だとすれば,女性校長の比率の格差や変動の有無は,管理職の任用や養成に対する各教育委員会の考え方が反映されているとみることができる。つまり,学校管理職の人事に,男女共同参画の視点があるかどうかが,都道府県の差に表れていると考えられるのである。この点については,小中高校の女性管理職比率の時系列変化を捉えた池木清（2000, 2006ほか）も指摘しているが,地域特性の問題だと述べるにとどまっている。そこで,本書では,行政側の男女共同参画の視点の有無にも触れていく。

以上のように,われわれが公立高校を取り上げるのは,その女性管理職比率に,都道府県ごとの教員の育成や人事の方針だけでなく,男女共同参画への取組みの実態が現われると考えるからである。

2　先行研究

先述したように,本書は高校の女性管理職を中心に取り上げるが,女性教員に関する研究レビューは第2章で行うため,ここでは高校教師研究や管理職研究について,簡単に触れておきたい。

(1) 高校教師

教師研究は小中学校を対象としたもの,あるいは学校種を明確にしていないが義務教育を想定したと思われるものが多い。それらは,教師集団や生徒との関係の在り方に日本的特徴があると指摘している。たとえば,日本の教師たちは「同僚との調和」を重んじる傾向があり,それは個々の教師にとって抑圧となることもある半面,教育実践の維持や向上にも効果があるとされる（永井 1981）。また,日米比較を通して「指導の文化」という日本特有の文化があると指摘した酒井朗（2002）は,日本の教師はteachingの概念にdisciplineも

含めて捉える傾向があり，教師に期待される役割が広いことを明らかにしている。それは，①教科指導，生徒指導を含め，きわめて多様な内容を生徒に教えること，②すべての教授内容が指導の概念のもとに一括りにされ，等しく教育的に価値づけられること，③指導の基礎は生徒や保護者との信頼関係の構築にあると考えられ，それを相互に期待しあうこと，である。しかし，そうした日本的教員文化は，教師の年齢構成のアンバランスや組合組織率の低下，教員文化に浸透するプライバタイゼーション，そして多忙化などによって（油布 2003），伝達されにくくなっている。これらの研究は，日本の教師は欧米にはない特徴をもっていること，戦後日本の教師の役割やそれへの期待は変化していること，などを指摘しているが，これらの教師像や教師観も，欧米の潮流と無縁ではない。

とりわけ，1970年代から80年代の教育環境の変化を背景に展開された教師の専門職をめぐる欧米の議論は，日本にも通ずるものがある。国内外の教師専門職論を整理した今津孝次郎（1996）によれば，「生涯教育」概念の提起によって，教師の専門性に関する要求が転換した。科学技術の進歩が目覚ましい社会においては，多くの新しい知識をもっているだけではなく，知識の一般的原理や知識の開発方法を心得ていることが教師に求められるようになったのである。生徒に対する一方的な権威者という従来の教師像から，「個々の生徒の成長と自己実現を育成し，それらを最大限に達成させること」へと求められる教師像が転換した。その「新しい専門職性」は，「子どもたちの潜在的な力を現実のものとするために援助する」ことが重視されるので，「教師自身がソーシャルワーカーやカウンセラーなどの幅広い役割を担うように求められる」ことになるという。さらに，今津は「援助専門職」という概念を紹介する。それは，教師・医師・ソーシャルワーカー等の「人間の可能性をその最高水準に達するよう手助けする」対人関係専門職の共通性に注目して命名された。このことは，教師の専門性が，教科の専門性より，生徒の成長発達を援助する役割を重視する方向へシフトしたことを意味している。

また，越智康詞・紅林伸幸（2010）による教師研究に関するレビューにおいては，社会の複雑化とともに，教師は対生徒，対保護者，同僚間で，より強い

情緒的活動を必要とするようになったことを指摘した研究や，コミュニケーション活動に注目した教師のワーク分析が紹介されている。これらの研究は，教師たちの仕事が，近年になって，ケアワーク的要素や感情労働的要素を内包するようになっていることを示している。そのワークが市場原理にさらされ，効率を求められるとき，教師たちにふりかかる負担はどれほどのものか想像に難くない。

　ところで，戦後日本の学校教育を捉えるとき，小中学校と高校では，そもそもその位置づけが異なることにも留意したい。端的にいえば，義務教育である小中学校とちがって，高校は進学率の上昇による量的変化が激しく，それにともなう質的変化が大きい。その分，高校教師が迫られる変化も大きかった。

　陣内靖彦（1992）によれば，高校教師の前身は，旧制中学校，高等女学校，実業学校などの旧制中等教育の教師たちであるが，その免許制度，給与制度，社会的地位は，小学校とはまったく違うものであった。当時の中等教育教員は，小学校教員より一段も二段も上に位置する学校を卒業し，都道府県ではなく国から免許を授与され，2倍程度の月給を得ていたのである。これらを示して陣内は，「専門分野での知識をもった教養人とみられていたことは否定できない」と述べている。また，天野郁夫（1983）も，明治期の中等教員について，「社会的な威信も給料も高い，官僚や医師に匹敵する知識職業であった」と述べている[3]。小学校教員との異質性は，教師としての在り方にもみられた（陣内 1992）。「小学校教員が子どもの全体を預かり，そのほぼ全教科を担当」するという全人的な教育を行っていたのに対し，高校教師たちは，その前身たる旧制中等学校の教師たちと同様に，特化した教科にアイデンティティをおいて生徒たちを指導していた。しかし，他方で，専門性を究め尽くして「学者，研究者，技術者など」の職業に就けなかったというルサンチマンも抱いており，「職業そのものに熱中しようとする意欲を冷却」させてもいたという。こうした中等学校教員の特質は，新制高校発足後も引き継がれた[4]。

　旧制度の文化を引き継いだ高校教師が変わらざるを得なくなるのは，高校教育が急激な量的拡大を迎える時期である。新制高校発足後しばらくは5割程度だった高校進学率は，1961年には6割を，1970年には8割を，そして1974年

には9割を超えた。進学率の急速な上昇だけでなく、戦後ベビーブーマーが高校入学期を迎えたこともあり、高校在籍者数が急激に拡大したのである。そのため、高校教員の相対的不足が生じ、新規採用者や中学校などからの転向者が増えることとなったが、量的拡大へのこうした対応は、旧制度的文化の維持を難しくしたと思われる。教員自体が旧制度以外のルートからも輩出されるようになったことに加えて、生徒たちの急激な質的変化による多様化に対応する必要性もあったからである。

　高校間格差が明瞭になり、輪切り選抜が行われ、その結果「不本意入学」や「落ちこぼれ」が生じるようになる1970年代後半には、授業に不満をもち友だちづきあいを重視する生徒が現れ、教師たちは困惑した。知識を求める動機や学習目的をもたない生徒に対して、教科の専門性が高いだけでは、高校教師が務まらなくなったのである。普通科の下位とみなされるようになった職業高校では「わかりやすい授業、学習能力にあった指導、目的意識をもたせるための工夫、全員を卒業させるための学則の見直し」などの努力がなされたし[5]、非進学校で教育指導上、最も重視されるのは「非行や問題行動がおきないようにする」こと（耳塚 1986）であった。そして非進学校の教師たちは生徒に適合するための戦略として「知識の伝達者」ではなく「親しい先生」として、自身を再定義していく（古賀 1992）。教科の専門性と同時に生徒指導の能力が必要とされ、小学校教師のような生徒との全人的なかかわり方が要求されるようになったのである。ただし、高校間に格差構造があったために、勤務する高校によって、そのウエイトには幅があったと考えられる。生徒指導の得意な教員が重宝される高校が出てきた一方で、従来のように特定教科の指導だけが得意な教師が重視される高校も存続していたのである。これらはおもに1980年代の高校の実態分析であるが、現在も同様の傾向が続いていると思われる。定員を下回る入学者のうち50％しか卒業しない「指導困難校」を再生させたのは、魅力ある授業づくりと徹底した「生活指導」であった（ベネッセ教育研究開発センター 2007）。また、高校進学率がシーリング状態のまま大学進学率が上昇する現在、高校教師たちは、知識や学究に関心をもたない生徒たちをも進学させるというさらなる難題に向き合っていると思われる。

このように，新制高校に転換しても，高校教師の教科の専門性は高いものだったし，教えるという仕事はそれを根拠に成立していた。しかし，高校進学率の上昇によって，高校は全体的に「中学校化」（穂坂 1992）し，格差構造が明確になりはじめると，底辺校を中心に生徒指導が重視されるようになった。教

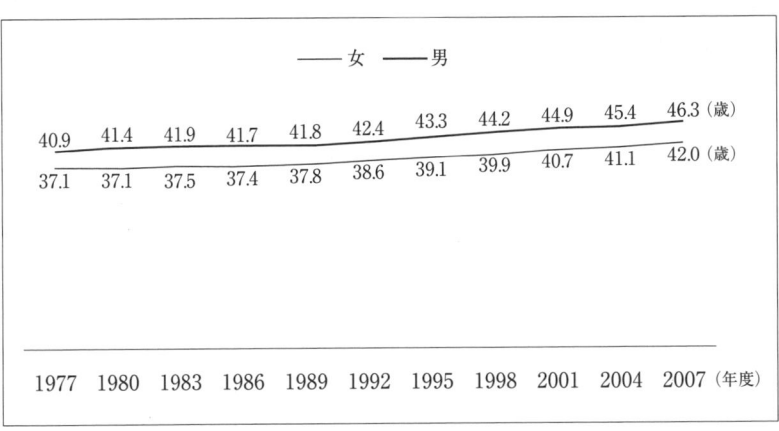

図序-1　公立高校教員平均年齢

資料）文部科学省「学校教員統計調査」

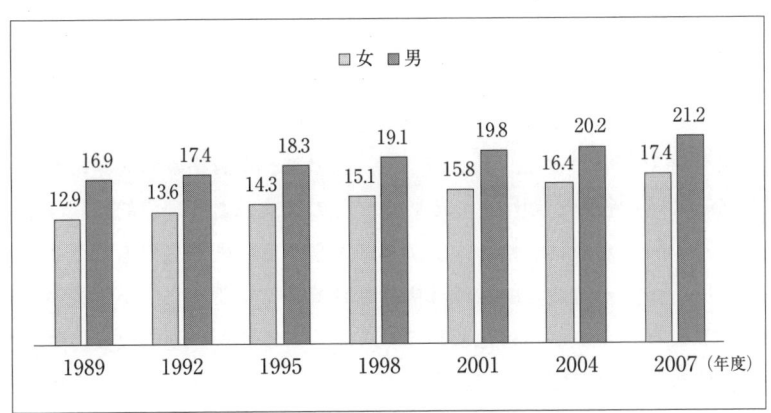

図序-2　公立高校教員平均勤続年数

資料）学校教員統計調査

科指導においても，従来のように教科の専門性をもっているだけでは十分でなく，生徒の関心をひく授業を展開する能力が必要とされるようになった。個々の教師は，配属された学校に適合させながら，その能力を発揮することが求められるようになったのである。

こんなにも生徒が変わり，高校教師の仕事内容が変貌した一方で，ほとんど変わらなかったのは，教員の性別による年齢や勤続年数の差である。1977年から3年ごとに実施されている「学校教員統計調査」（文部科学省）をみると，平均年齢も平均勤務年数も，この間一貫して，男女差が大きいまま推移してきたことがわかる（図序-1，2）。生徒の多様化に応じた教員の多様化は進んでいなかったのである。

ところで，このような高校の意味変容と高校教師に求められる能力の変化は，管理職として必要な能力とどのような関係にあるだろうか。

(2) 学校管理職

先述したように，学校管理職をめぐる議論が活発化してきたが，これと同様に管理職研究も見られるようになっている。「管理職にふさわしいのはどのような人材か」，そして「どう養成するか」というシンプルだが，根本的な問いに答えようとする研究がみられるようになっているのだが，実は，このシンプルな問い自体が歴史をもち，その中で揺らいできた。

平井貴美代（2004）によれば，明治10年代に小学校長職が制度化したのは，多くが民権運動の活動家であった教員たちを「監督」するためであり，学校運営上の必要性ではなかった。したがって，その職務や資格等の規定はなく，管理責任者としての役割が期待されていた。その独立した管理職的職務像からの転換は，小学校長が教員資格をもつ訓導と兼務する原則が立てられたことによって生じ，その後，行政官的職権は排除されていく。こうして小学校長の職務は教育的リーダーシップに特化されていった。ところが，地方改良運動の担い手として学校外職務が肥大化するようになると，学級経営を担当する担任と学校経営を担当する校長という「分業」が促進され，さらに郡役所廃止後は職員人事の大部分が校長に与えられるようになった。そして，1943年の国民学校

令改正では，校長は訓導兼任ではない独立した管理職として位置づけられる。このような教育的リーダーシップと行政的管理者の間の揺れは，戦後においても続いてきた。

　このような揺れを免許制度の議論として捉えたのが高橋寛人（2004）である。1949年5月に公布された教育職員免許法には，CIE（民間情報教育局）の意向が反映されて，校長，教育長，指導主事の免許制度ができた。それは大学での単位修得と関わらせた制度であったが，大学卒業とともに校長等の免許状取得を可能とした当初案は，校長には教職経験と人間性が必要だと主張する日教組の要求を受け入れて，「卒業後一定期間の教育に関する職に在職後」と改められた。高橋（2004）の論稿が興味深いのは，校内の意思決定の民主化と，指導助言者としての校長役割を重視する傾向は，学校経営上の理由とともに，カリキュラム改革とも密接に関係していると指摘している点である。占領下の改革によって導入された経験カリキュラムは，校長が上から命令して管理する方法ではうまくいかない。子どもたちの生活する地域社会を重視する経験カリキュラムを作成するためには，教職員が子どもの実態や地域の実情について自主的・積極的に研究し，自由に意見を出し合って協働すること，すなわち民主的な学校経営が必要となるからである。このような一般教員の参加を促したり個々の教員の力量を高めたりする教師の教師としての能力を備えている必要性が増大したことによって，独立した管理職としての校長より，豊かな人間性をもつ教職経験者である校長が望ましいと考えられていく。校長等の免許制度は1954年には廃止され，教育公務員特例法の中に任用資格が書き込まれた。それは，教諭一般普通免許状と5年以上の教育職経験を要求するもので，教職経験を重視する傾向は維持されたことになる。

　その後，地方教育行政法制定による学校管理規則において，学校の裁量の幅が縮小し，勤務評定が実施されるなか，校長は教職員の上司であることが強調される。1958年には，校長に管理職手当が支給されるようになり，「文部省→都道府県教育委員会（→市町村教育委員会）→校長→教職員という縦の系列による教育統制という機構」が形成された。この年の学習指導要領改訂は，その編成原理を系統主義へと転換させ，また法的拘束力があると主張されるもので

あった。系統カリキュラムは，教育課程のスコープを学問分野に，シークエンスを各学問の系統に即して構成するものであるため，地域や学校の文脈は重視されなくなる。各学校におけるカリキュラム開発はかなり制限され，このことは学校経営の在り方はもちろん，校長の職務や求められる資質も変貌させた（高橋2004）。

これらの研究から，「管理職にふさわしいのはどのような人材か」という問いに対する唯一正しい解答はないことを知ることができる。しかし，その解答の幅は，教師としての専門職性の延長にある力量としてのteaching重視の極と，管理に関する力量というmanagement重視の極との間で揺れ動いてきたとみることができる。

以上の研究を踏まえると，学校経営における自律性が拡大する現状の中で，校長に求められる力量を再検討しておくことは重要な意味をもつ。学校裁量権の拡大，校長の権限拡大・強化，職員会議の補助機関化，経営責任の明確化，保護者等への学校運営への参画による参加型学校経営などを遂行していくにあたり，校長としてふさわしいのはどのような力量をもった人材なのか。

この点について，小島弘道（2004）は，「すぐれた教育実践家，教育者であることは大切な要件であるが，それにとどまらず，新たに経営感覚や経理力を校長の資格に求める」ようになったと説明している。これまでより，「経営」に関する能力が必要となったと認識し，その能力は，教員としての豊かな経験の中で培われるものではなく，大学院において養成する必要があると述べている。ここには，教職経験によって身につける能力と，経営に必要な能力を別物とする視点があり，後者は教師としての経験を通して形成されるものではないという前提がある。しかし，教職経験の中で習得する能力は教育に関する能力にのみ収れんされるものなのか，すぐれた教育者には経営能力が不足しているのか，teaching と management はトレードオフの関係にあるのか，などについては，吟味される必要があると思われる。

3　高校という組織

　以上みてきたような現状と先行研究を踏まえつつ，ここでは，高校がもつ学校の組織的・文化的特性を検討していく。先述したように，高校と小中学校との間には制度的差異があるが，それ以外にもさまざまな点で違いがある。以下では，学校の規模と学校への社会的期待について小中学校と比較しながら，高校という組織の特徴を概念的に捉えておきたい。

(1) 高校の組織特性：小中学校との比較

　まず，管理する学校の規模について確認しよう。表序-1は，学校基本調査をもとに，2010年度の小中学校および高校の1学級当たりの生徒数，1校当たりの学級数と教員数の全国平均を示したものである。

表序-1　学校の規模

	1学級 生徒数（人）	1校 学級数（学級）	1校 教員数（人）
小学校	25.1	12.6	19.0
中学校	29.0	11.3	23.5
高　校	36.7	17.0	47.5

資料）文部科学省「学校基本調査」

　いずれも，小学校と中学校の間の差より中学校と高校の間の差のほうが大きいことがわかる。学級担任をするにしても，学年主任をするにしても，その規模は小中学校より大きいのである。また，高校の1校当たりの教員数は47.5人と中学校の約2倍であることから，管理職は，小中学校より規模の大きい教員組織を管理していることがわかる。規模が大きくなればなるほど，その組織の管理は困難になり，いっそう高い管理能力が必要となると思われる。つまり，高校の管理職は小中学校以上に優れた管理能力が求められることになる。

　次に，小中学校と高校の教師に求められる力量や社会的期待の差異を確認しておこう。先行研究にみられたような教師を輩出してきた旧制の教育制度や文

化的特質は，女性の高校教師を生み出しにくかったと考えられる。戦前の中等教育は，受けられる量と質が性別によって振り分けられており，女性は高い知識・教養や学歴にアクセスしにくかったからだ。また，教養人として敬意をもたれる職に女性が就くことを受容する社会ではなかったと思われる。戦前の中等学校長の分析を行った山田浩之（2000）が，丹念で詳細な学歴分析をしていながら，男性のみの分析としたと断り書きを記さなければならなかったことは，こうした実態を映し出していると思われる。[6]

それに対して，新制高校は広く国民に開放し，個人の進路や適性に応じた教育の実現をはかることを理念として掲げた。その前身である中等教育の特質を継承しないことを理想としていたのである。したがって，新たな教員層として女性が参入することもありえた。しかし，理念は理念でしかなく，現実のものとはならなかった。人々は，前身が旧制中学校である普通科を本流，実業学校である専門学科を亜流とみなし，後者をないがしろにする意識をもっていた（飯田 1992）。普通教育を大学進学のための教育と同一視し，それを専門教育よりも上位にみる見方は，1950年代半ばに，総合制や学区制が廃止されたことにともない，実態をともなうものとなっていく。すなわち，高校は大学進学の準備教育を行う機関として位置づけられ，そこに価値をおく序列構造を形成していくのである。このような実態を踏まえれば，新制高校もまた，旧制中等教育と同様に学問志向の強い場であり，進学に向けた勉学を重視する業績主義的な組織特性を維持したといえる。

以上2点に注目して高校という組織の特徴をまとめると，図序-3のようになる。管理規模の大小を横軸に，組織のアカデミック志向の強弱を縦軸にとり，それぞれの学校種を位置づけた。健全な心身を育成するという家庭的でしつけ的要素への教育ニーズは学校段階があがるにつれて低下し，学問や勉学を重視する業績主義的な競争原理は学校段階が上がるにつれて増大する。小学校が【小規模・ノンアカデミック】であるのに対し，高校は【大規模・アカデミック】な組織である。

そして，このような高校の組織特性が，女性管理職を生み出しにくくする温床となっていたと考えられる。背景の一点目として，旧制度の遺産として女性

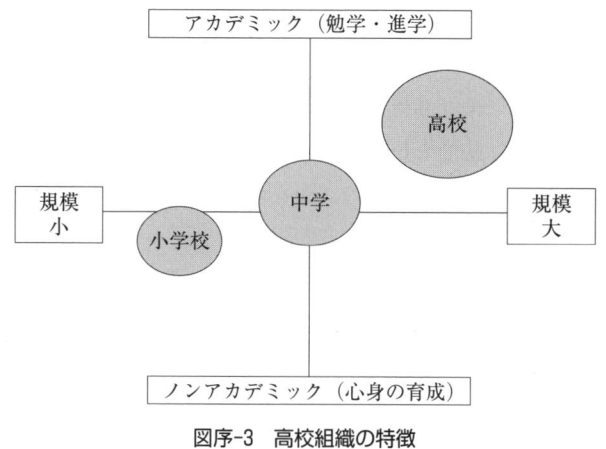

図序-3 高校組織の特徴

教員の数自体が少なく、管理職の供給源自体が小さかったことが挙げられる。女性教員数そのものが極端に少なければ、管理職も生まれにくい。それと関わって二点目として挙げることができるのは、旧制度の文化的遺産と連なる強いアカデミック志向があった点である。旧制度においては、高等教育を受けられる機会自体が女性に広く開かれてはいなかった。とりわけ大学は女性に対して閉鎖的であった。理念はともかく、実態として大学進学を目的とする新制高校において、大学を出ている教師が重宝されるのは自明であり、結果として女性が排除されやすかったことが考えられる。三点目としては、女性の管理能力に対して不安や不信があったことが推測される。社会的威信が高く、管理規模の大きい高校で女性が管理職を務めるのは、小中学校より難しいと考えられた可能性がある。

　以上の検討から、高校が置かれていた社会的文脈が、女性を管理職から遠ざけていたことが推測される。女性が管理職として活躍できるという認識が形成されていなければ、そのための経験や養成が必要だとする声も上がらないし、女性教師自身も管理職を意識した力量形成に取り組みはしないだろう。これらは、小中学校との比較を通して指摘できる点である。したがって小中学校と高校の間の差異が縮小すれば、ここでみたような差も縮小すると考えられる。

(2) 高校の意味変容

前項では，小中学校との比較を通して，高校の女性管理職が少ない構造的要因を探ったが，ここでは，高校教育の変容と関連づけて捉えていこう。先述したように，高校教育は量的な拡大を遂げたが，その間，学校規模は変動し，高校の文化的志向性も変容した。このような変化は，高校の管理職として求められる能力や力量形成にも影響を与えると思われる。

管理規模の変化からみていく。グラフ（図序-4, 5）には，公立高校1校当たりの生徒数と教員数の推移を示した。その両方が最大だったのは1990年前後で，千人近くの生徒と約53人の教員を抱える大規模な組織であった。しかしその後，生徒数は1992年に800人台となり，1995年には700人台，2001年には600人台と減少している。最も大規模だった時の1校当たり生徒数と比べると，現在では300人以上も少ない。教員については，1990年の53人をピークとして漸減し，2001年には50人を切り，その後も50人弱を前後している。

このように，高校は1980年代後半あたりまでは大規模化と多様化が進んでいたが，その後は規模を縮小させてきたことがわかる。規模が小さくなっても生徒や教員が多様であることに変わりはなく，その対応は依然として困難だと思われるが，組織の規模は，より小さいほうが管理しやすいと考えられる。

次に，高校への社会的期待や高校の文化的志向性について捉えておこう。一

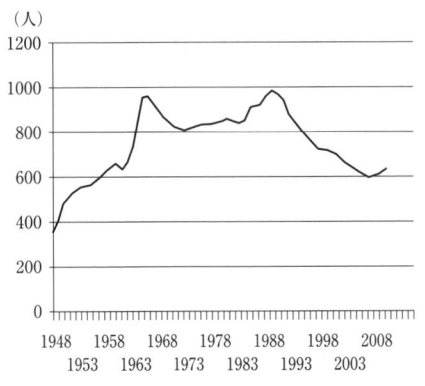

図序-4　1校当たりの生徒数
資料）学校基本調査

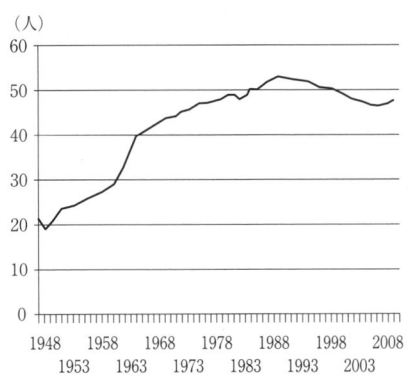

図序-5　1校当たりの教員数
資料）学校基本調査

部エリートのための大学進学準備機関であった新制高校は，進学率の上昇にともなって多様な進路を選択する高校生を受け入れることとなり，やがてマスのための大学進学準備教育が求められる場となる。他方，教員においても，旧制度出身者率の相対的低下による文化的多様化が進むとともに，生徒の多様化に対応する必要性が生じたことから，教科の専門性に裏づけられた教養人だけでは十分ではなく，生徒指導等に長けた教師も重要になったと思われる。

このような高校の変化は，各高校の教育課程の編成や校務分掌の設定にもあらわれるはずである。

まず，教育課程から考察しよう。高校は小中学校以上に教育課程が多様で，その編成における学校側の選択の余地が大きい。そのため，社会的期待や要請を教育課程に反映させることが可能である。先にみたように，大学受験準備へのニーズが高まると，受験科目を重点化した教育課程の編成を志向することになる。しかし，教育課程を変更することは，各教科の授業時数や必要な教員数にもかかわる問題であるため，簡単ではない。また，教育課程の編成をめぐる利害の調整と説得のためのロジックが，大学受験に必要な科目を中心とする進学志向の組織や文化に取り込まれることによる軋轢も生じる。普通科高校内では，健全な身体の育成や豊かな情緒を育む教科より受験科目の担当者が優位性を所持するという，教員内の序列が形成されるし，専門高校等は普通科高校の下位に位置づいてしまう。先にみたように，高校教師は小中学校以上に教科の専門性が重視されるし，教師自身もそこにアイデンティティをもっているのだが，教科の専門性へのこだわりは，教科間の闘争へと容易に引き換えられていく。

教科間の闘争は，社会的ニーズに呼応して生じるだけではない。学習指導要領の改訂にともなって学校独自の教育課程を見直す時にも顕わになる。たとえば，学校5日制の導入のように総時数を縮減する場合は，何をどれだけ減らすかをめぐる論争になるし，家庭科の男女共修化のように時数の枠内で特定教科の時数を増やすためには，削減する教科と時数をめぐる緊張状態がもたらされる。時数の増減は教員数にかかわるだけでなく，教科によっては施設設備のための予算にかかわる大きな問題となる。

このように社会的ニーズや学習指導要領の変更によって，各学校は教科間の闘争の場となるのである。そもそも，教科指導を極めることで得られる満足感や達成感が大きい高校教師であるが，それは純粋な専門性ではなく，専門性に立脚した政治へと転化していくのである。この調整において大役を担うのは，教務主任であることが多い。学校全体をみて利害の調整をするとともに，抵抗勢力を説得するためのロジックを生成したり交渉したりする力量が必要である。校務分掌は，管理職のための必要条件となってはいないものの，その経験が重視される傾向が指摘されている[7]。教務主任が管理職になる有力なルートとみられてきたのは，こうした背景があるだろう。

　しかし，先述したように，高校進学率が上昇し，進学実績を軸とする格差構造の中で，業績主義志向ではない高校もみられるようになり，また，それらの高校を中心に，不本意入学や中退などが問題化した。こうした高校多様化によるノンアカデミック志向の拡大は生徒の心身を育成する機能へのニーズも拡大させ，生徒指導や特別活動，人権教育などに秀でた力量をもつ教員を必要とするようになったと考えられる。これらが重視される傾向が強い学校では，必ずしも教務主任あるいは進学主任だけが，校内の利害調整役として適当なわけではなくなり，生徒指導が得意な教師を管理職として配置するほうが学校全体としてのまとまりや地域社会での評価が高まることも考えられる。このように高校教育の意味変容は高校教師として必要な能力や力量に変化を生じさせ，従来の管理職ルート以外から管理職を登用することが必要となる。

　以上，高校の管理規模や意味の変容を捉えてきたが，1990年代以降の高校では多様化したまま小規模化が進行してきた。このことは，規模の大きな組織を管理する能力や，アカデミック志向の強い生徒たちを進学させる力量だけが，管理職として重要なわけではなくなることを意味してもいる。多様な教師が必要とされるのと同様，多様なキャリアの管理職が必要とされるようになっているのである。

　ここで，もう一度，高校教育の変容過程を振り返ってみよう。少なくとも1970年前後には，旧制度的な文化は衰退していることから，女性の管理職を歓迎しない空気も縮小したと考えられる。また，1990年以降は，1校当たり

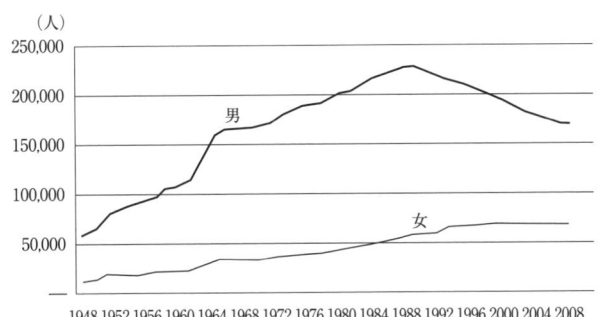

図序-6　高校本務教員数

資料）学校基本調査

の規模も小さくなっている。女性を排除してきた従来の構造は維持されていないのだ。もちろん，従来の構造の中でも女性が管理職を務めることはできたはずだが，その人数が少なかったことや旧制度の文化的特質などが，結果的に女性管理職を生み出しにくくしていた。それと比べれば，現在の状況は大きく異なっている。つまり，構造的には，女性の管理職が増えてもおかしくはない。

そこで男女別の教員数をみておこう。図序-6からわかるように，実は教員数も1990年に差し掛かる頃から変化している。女性の教員数はゆるやかに右肩上がりだが，男性のそれは1990年あたりから下がっているのである。

すなわち，女性管理職を生み出す母集団は，つねに増加傾向にあった。しかし，女性管理職は依然として少ない。なぜなのか。構造と実態のギャップという議論で済む話だろうか。女性も管理職になりやすい構造に実態がゆっくりと追いついて，時間がたてば解決するのか。

おそらく，そうではない。男女共同参画の視点にたつ積極的介入がないと管理職登用の男女間格差は是正されないことも考えられる。詳細は各章でみていくが，ここでは受験率と採用率だけ確認しておきたい。図序-7は，文部科学省の例年調査である「公立学校教員採用選考試験の実施状況について」（1992～2009）をもとに，受験者全体に占める女性比率と採用者全体に占める女性比率を表したものである。

グラフから，この10年間，公立高校の教員採用試験を受験する女性の比率

17

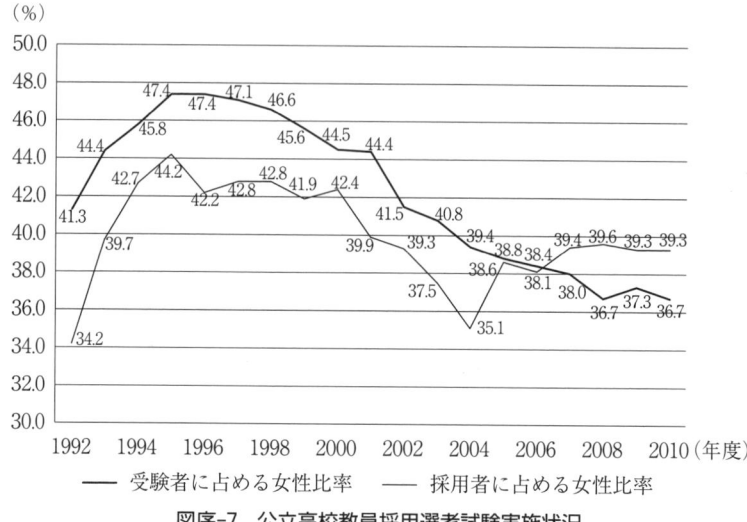

図序-7　公立高校教員採用選考試験実施状況

資料）文部科学省「公立学校教員採用選考試験の実施状況について」

が低下しており，女性にとって魅力ある職業ではなくなってきたことが懸念されるが，より注目したいのは，採用される女性比率との関係である。受験者層の男女間に質的な差がない場合，受験者に占める女性比率と採用者に占める女性比率はほぼ同じになるはずである。しかし，2005年までは，受験者に占める比率のほうが採用者に占める比率より若干高く，その後，逆転する。[8]

　管理職のなり手がいないと言われている[9]昨今，女性を積極的に登用しようとする意向がみられるようになったと推測することができるとともに，過去において，女性の方が採用されにくい傾向があった可能性も推測できる。1991年以前のデータを入手できないため，女性のほうが厳しい競争にさらされる過剰選抜が継続的に行われてきたかどうか確認することはできないが，教員採用試験が公平に実施されてきたかどうか疑念が残る。だとすれば，女性教員，ひいては女性管理職が低率に押しとどめられてきたのは，先述した構造以外の要因があったと考えられる。

4　本書の構成

　本書は，以上のような問題関心と構造的要因を踏まえながら，「なぜ女性校長が少ないのか？」について，さまざまな切り口で分析していく。第1部では，国際的な動向や国内の都道府県別分析を中心に行い，第2部では，女性校長へのインタビューを通して，そのキャリアを分析する。多角的にアプローチすることで，女性校長が少ない現状の背景と今後の課題が見えてくるだろう。

注
1) 中央教育審議会答申「今後の地方教育行政の在り方について」1998年9月「第3章　学校の自主性・自律性の確立について」
2) 白石裕編著（2009）『学校管理職に求められる力量とは何か』学文社
3) ただし，山田（1992）によれば，給与は大正中期に低下し，昭和初期にかなり高くなる。また，同じ中等教員でも学歴による給与格差が大きく「帝大―高等師範―専門学校―文検（文部省中等教員検定）」という階層性が生じていたと推測されている。なお，当時の校長は「ほとんどが男性」だったために，女性は分析対象となっていない。
4) 教員数および出身学校，年齢構成，勤続年数，免許状などの比較による。
5) 岩田（1992）は中退問題への高校現場での努力としてこれらを紹介している。
6) 山田（1992）は，昭和12年の中等学校長の学歴と給与を分析し，高等師範卒業者が圧倒的に多く，帝大卒業者がこれに次いでいたが，給与は帝大が上回っていたことを明らかにした。
7) 文部科学省「公立学校における校長等の登用状況等について」pp.58-61.によれば，管理職受験資格一覧において，教務主任経験を求めると明示しているのは京都府のみ。
8) なお，小学校でも2005年以降，中学校では2006年以降，受験者に占める女性比率を採用者に占める女性比率が若干上回る。
9) ベネッセ（2011）によれば「一教員として生徒を前にしてずっと働きたい」が6割で，管理職志向は1割未満。管理職志向の比率は下記の通り（男女別データなし）。
　※全体（n＝3,070）7.5％，（普通科7.6％，総合学科10.1％，専門学科5.5％，工業4.8％，商業5.5％）。なお，小中学校教諭で管理職を志向する比率は，低下しており（参：1997年：中学校13.1％，小学校17.5％），中学校（全体10.0％，女3.2％＜男20.3％）でも，小学校（全体14.1％，女3.8％＜男21.3％）でも，管理

職志向には大きな男女差がみられる。

引用・参考文献

天野郁夫（1983）『試験の社会史―近代日本の試験・教育・社会―』東京大学出版会
飯田浩之（1992）「新制高等学校の理念と実際」門脇厚司・飯田浩之編『高等学校の社会史―新制高校の〈予期せぬ帰結〉―』東信堂
池木清（2000）『男女共同参画社会と教育』北樹出版
――（2006）『男女共同参画研究』第8号，日本橋学館大学池木研究室
今津孝次郎（1996）「教師専門職化の再検討」『変動社会の教師教育』名古屋大学出版会
岩田明（1992）「高校教育現場の実態と問題点」門脇厚司・陣内靖彦編『高校教育の社会学―教育を蝕む〈見えざるメカニズム〉の解明』東信堂
小島弘道（2004）「現代の学校経営改革と校長の力量」小島弘道編著『校長の資格・養成と大学院の役割』東信堂
越智康詞・紅林伸幸（2010）「教師へのまなざし，教職への問い」『教育社会学研究』第86集，東洋館出版社
古賀正義（1992）「非進学校教師の教育行為」門脇・陣内編，前掲書
酒井朗（2002）「「指導の文化」と教育改革のゆくえ―日本の教師の役割意識に関する比較文化論的考察―」油布佐和子編『教師の現在・教職の未来』教育出版
白石裕（2009）『学校管理職に求められる力量とは何か』学文社
陣内靖彦（1992）「高校教師の質的変化」門脇・飯田編，前掲書
高橋寛人（2004）「免許制度の歴史と課題および大学院における養成の可能性」小島編著，前掲書
永井聖二（1981）「現代の教員社会と教員文化」石戸谷哲夫・門脇厚司編『日本教員社会史研究』亜紀書房
平井貴美代（2004）「職能開発システムとしての校長会の歴史と課題」小島編著，前掲書
文部科学省（2009）「公立学校における校長等の登用状況等について」『教育委員会月報』平成21年12月号，第一法規
ベネッセ教育研究開発センター（2007）『BERD』No.08，pp28-32．
――（2011）『学習指導基本調査』（2011.4 研究所報 vol.63）
穂坂明徳（1992）「高校階層構造形成の社会的基盤」門脇・陣内編，前掲書
耳塚寛明（1986）「高等学校における学習習熟度別学級編成の実施状況に関する調査〈資料編〉」

山田浩之（1992）「戦前における中等教員社会の階層性」『教育社会学研究』第50集，東洋館
　──（2000）「戦前における中等学校長の学歴構成」『教育社会学研究』第66集，東洋館
油布佐和子（2003）「教師集団の解体と再編―教師の「協働」を考える―」油布佐和子編『教師の現在・教職の未来―あすの教師像を模索する―』教育出版

第 1 部

女性校長をめぐる国内外の動向

第1章

女性校長をめぐる国際的傾向

1 はじめに

　教育職は女性が比較的参入しやすい職業のひとつである。ユネスコ（UNESCO）統計部によれば，2010年の時点の世界の女性教員の割合は，初等教育段階で61.6％，中等教育段階で半数前後（中学校53.4％，高等学校47.7％）である。世界の教育現場の半分以上は，女性教員によって担われているのが現状である。

　それでは，世界の女性校長の現状にはどのような特徴がみられるのか。また，世界の学校の現状と比べると日本はどの位置にあるのか。本章では，OECD（経済協力開発機構）やユネスコの統計データをもとに，海外の女性校長の実態を明らかにし，校長職の現状と特徴を概観する。そのうえで，とくにフィンランドとアメリカ合衆国の事例を分析しながら，日本の「女性校長はなぜ少ないか」という本書の問いに一定の方向性を提示したい。

2 公立の女性教員と女性校長の現状

(1) 公立学校における女性教員の現状

　ユネスコの統計データ（2010）によれば，中央アジア，北アメリカ・西ヨーロッパ，中央・東ヨーロッパ，ラテンアメリカ・カリブ海地域では女性教員の割合が高い。これらの地域で，女性教員の占める割合は，初等教育レベルで

77％から89％の間であり，中等教育レベルでは60％から73％である。逆に，女性教員の割合が低い地域は，南・西アジア（初等教育レベル44.5％，中等教育レベル34.5％）及びサブサハラ・アフリカ（初等教育レベル42.7％，中等教育レベル28.3％）である。

しかし，教育段階が上がるにつれ女性教員の占める割合が低くなり，この傾向はほとんどの地域で共通してみられる。初等教育レベルと中等教育レベルでの女性教員の割合の差を比較すると，格差が最も小さい地域は中央・東ヨーロッパの6.6％（初等教育レベル79.4％，中等教育レベル72.9％）であり，格差が最も大きい地域は北アメリカ・西ヨーロッパの22.7％（初等教育レベル83.4％，中等教育レベル60.7％）である（図1-1参照）。いわゆる先進国といわれる北アメリカ・西ヨーロッパの地域で，初等教育レベルと中等教育レベルでの女性教員の占有率の格差が最も大きくなるのは興味深い。

世界の教育現場では，学校段階が上がっても女性教員の占有率の高い地域が多い。では，教員と校長のジェンダーバランスの実態はどうなっているだろう

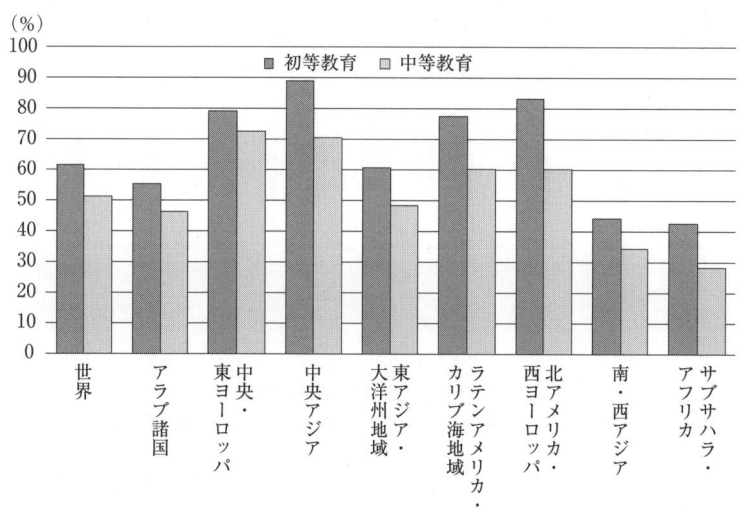

図1-1　世界の女性教員の割合（2010）

資料）UNESCO Institute for Statistics,「Table 20C」,「Table 20F」のデータを参照・加工。(http://www.uis.unesco.org)

か。次項では，世界の女性校長の現状を概観する。

(2) 世界の女性校長の現状

　初等・中等教育レベルの女性教員の割合が半数以上の国・地域は多い。しかし，校長職では男女の比率が逆転するケースが多く，その傾向は中等教育レベルで顕著である。OECD (2008：30) のデータによれば，2006/2007年の時点で，中等教育レベルの女性校長の割合が35%を超えるのは，19ヵ国中イスラエルの6割強，続いてスウェーデン，スロヴェニア，ベルギー，ノルウェー，フランス，フィンランド，イングランドなどの国が続く（図1-2を参照）。なお，アメ

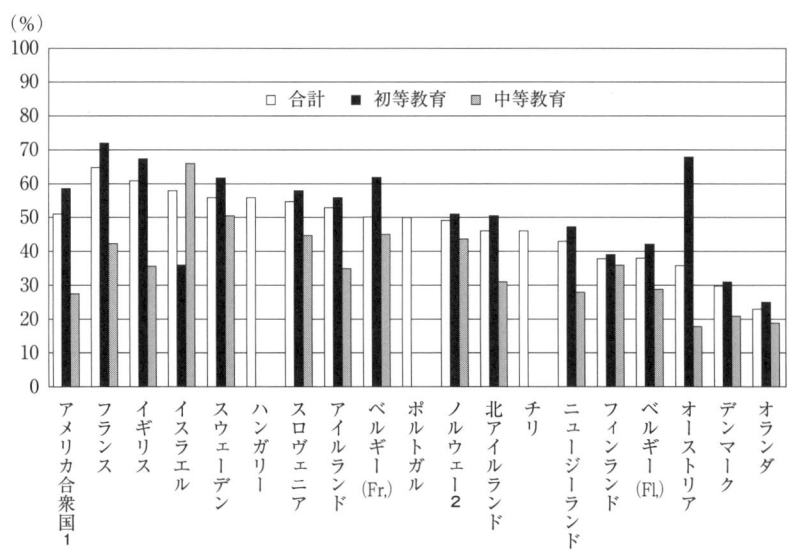

図1-2　公立学校の女性校長の割合（2006/07）

注：校長はそれぞれの学校の中で最も高い指導的地位をもつ school headmaster, director, administrator とする。
　1．アメリカ合衆国のデータは，2008年のものである。
　2．ノルウェーのデータは，2005年のものである。
資料) OECD (2008) *Improving School Leadership* Country Background Reports and Country Questionnaires, available at *www.oecd.org/edu/schoolleadership*. アメリカ合衆国のデータは，National Center for Education Statistics (NCES 2010a) The Condition of Education 2010参照。

リカ合衆国は28.5％である。

　図をみると，フィンランドやノルウェー，スウェーデンなど北欧の国の女性校長の割合は，中等教育レベルで30〜50％前後であり，初等教育レベルの女性校長の割合と比べて大きな格差はみられない。たとえば，2005年の時点でフィンランドの義務教育レベル（9年生まで）の女性教員は7割強，高校レベルで7割弱ではあるが，女性校長の割合は義務教育レベルで39％，高校レベルで33％であった（Ministry of Education, Finland 2007：11）。

　しかし，北欧以外のヨーロッパの国々や北アメリカでは，初等教育レベルに比べると中等教育レベルの女性校長の比率が大きく減少する傾向がみられる。極端な例として，オーストリアでは，初等教育レベルの女性校長は7割近くにのぼるが，中等教育レベルになると20％以下であった。また，フランス，イギリス，アメリカ合衆国の初等教育レベルの女性校長は60％以上であるが，中等教育レベルの女性校長は，それよりも30％前後も低くなる。

　日本や北欧以外のヨーロッパ，アメリカ合衆国では，教育段階が上がると女性校長が減少するのはなぜか。その一方で，北欧の国々では，初等教育と中等教育レベルで女性校長の割合に大きな変化が見られないのはなぜなのか。次節では，まず世界の校長職の具体的事例として，主にフィンランドやアメリカ合衆国を取り上げ分析する。

3　スクールリーダーシップをめぐる世界と日本の現状

　世界の初等・中等教育レベルの校長は，児童・生徒の学習に関わるリーダーシップだけではなく予算や人事を含めた学校経営力も求められている。このような潮流は，日本でも例外ではない。たとえば，学校教育法の改定にともない，2000年4月以降，教員免許をもたず，また教育関連の仕事に就いたことがない者でも校長及び副校長として任用することが可能になった。2010年4月1日現在，43都道府県市の公立学校の民間校長は106名（うち女性は9名）であり，教育職に就いた経験のない民間校長は86名いた[2]。

　しかし，OECD加盟国の校長職に関する調査によれば，校長職は「魅力的

ではない職業」とされる。高度情報化社会と経済・文化のグローバル化により，校長のリーダーシップが強く求められているにもかかわらず，校長職の労働条件，研修内容，報酬の面でのバランスがとれていないと感じる校長が多いことが要因である。そのため，「調査に参加している22ヵ国と地域のうち，15ヵ国では校長職に充分ふさわしい候補者を捜すのは難しい」（OECD 2008：30）という。なり手の少ないとされる校長職であるが，海外の校長と日本の校長の実態はどうなのであろうか。

(1)「スクールリーダーシップ」とは何か

本題に入る前に，OECDで定義される「スクールリーダーシップ」とは何かを確認しておこう。OECD（2008：18）によれば，スクールリーダーシップとは校長職に限定されない。その理由として，校長「principal」ということばが，それぞれの国・地域によって，director, headmaster, head-teacher[3]などと呼ばれており，その権限も学校の一個人に属するものではなく，学校内外の教育関連職務や団体，教育事業などのリーダーシップに関わる人たちで分散できるものとして考えられている。OECDの提言として，これからの校長は，それぞれの学校運営について全責任をもつ従来型のシステムと決別し，学校での意思決定の分散化，自律性，アカウンタビリティなどを取り入れた「新しい公的マネジメント」を身につけるべきであるとしている。この流れの中に，保護者・地域社会の学校教育に対する分権（コントロール）や学校選択制，児童・生徒の学業成績に基づく説明責任（アカウンタビリティ）や学校評価が含まれてくる。ここから見えてくる「スクールリーダーシップ」とは，いわゆる市場原理に基づく教員評価や学校評価，教員のモニタリング，教員の質的向上の支援，データに基づくリーダーシップ，学校経営者としての校長職への研修強化，戦略的な財政的・人的資源のマネジメントなどが挙げられる。

(2) 学校問題に対する校長のリーダーシップ（OECD）

15歳の生徒を対象にしたOECD生徒の学習到達度調査（PISA2009）のデータから，OECD加盟国（34ヵ国）・パートナー31ヵ国・地域の校長のリーダー

シップに関する実態をみてみよう。15歳の生徒が在籍する学校の「校長のリーダーシップ指標」が最も高い国はイギリスであり，アメリカ合衆国，チリと続く。逆に「校長のリーダーシップ指標」が最も低かったのは日本であり[4]，次にフィンランド，韓国となっている（OECD 2010a：99）。

OECDによる校長のリーダーシップに関する調査では，教員の教育力や専門領域の開発，学校の教育目的にそった教育の推進，生徒の学力や学校活動，学級や学校内の問題解決などへの校長の管理や関与について表1-1に示した14項目の指標がある。日本ではこれらすべての指標でOECDの平均を下回っている。とりわけ，教員が学級内で問題を抱えている時の校長のイニシアチブ

表1-1　OECD：学校問題へのかかわり合いに関する校長の考え方
(%)

	日本	フィンランド	アメリカ	OECD平均
学校の教育（ティーチング）目標に基づく教員の専門能力開発の諸研修を行う。	43	64	98	88
学校の教育目標に沿った教育実践を確実にする。	51	75	98	93
授業観察を行う。	37	9	95	50
学校の教育目標を発展させるために生徒の成績結果を活用する。	30	46	96	75
教員に教え方を改善するための提案を行う。	38	40	94	69
生徒の勉強をモニターする。	40	61	72	66
教員が受持ちの学級で問題を抱えているとき，問題点について話し合うためのイニシアチブを取る。	29	77	95	86
将来的に専門知識やスキルを更新するよう教員に周知する。	50	95	97	89
学級活動が教育目標に基づいているかを確認する。	31	59	94	72
カリキュラム開発の決定について試験の成績を考慮する。	37	13	88	61
カリキュラム調整のための責任を明確にする。	29	77	90	82
教員が提起した学級問題は，一緒に解決する。	61	98	97	94
教室での破壊的な行為に注意を向ける。	60	94	96	90
予想外に欠勤している教員から授業を引き継ぐ。	17	39	16	29

資料）OECD（2010a）p.100

(日本29％，OECD平均86％)，カリキュラム調整のための責任の明確性（日本29％，OECD平均82％），教育目標を発展させるための生徒の成績結果の活用（日本30％，OECD平均75％），およびティーチング目標に基づく教員の専門能力開発の諸研修（日本43％，OECD平均88％）に関するかかわり合いについて，日本の校長とOECD平均の校長との乖離が大きい。この調査結果から，日本の校長は，個々の教員の教え方やスキル等の向上はもとより，受持ちの学級問題についても教員個人，もしくは教員集団に委ねる傾向が読み取れる。

　フィンランドでは，教員の専門知識やスキルの向上，教員が提起した学級問題，教室での破壊行為，欠勤教員の授業の引継ぎに関する校長のリーダーシップがOECD平均より高い。その一方で，授業観察（フィンランド9％，OECD平均50％）やカリキュラム開発でのPISAを含めた生徒の成績の考慮（フィンランド13％，OECD平均61％）については，OECD平均と比べて低い。フィンランドの校長は，日々の教育活動や実践は教員個人や教員集団に任せながらも，生徒に直接関わってくる問題解決については，自ら率先して関わっているようである。アメリカ合衆国の校長は，欠勤教員の授業引継ぎに関する項目を除き，すべての項目への関わり方がOECD平均よりも高い。

（3）人事・予算・カリキュラム編成に関する校長の自律性

　校長の自律性に関する調査では，OECD加盟国の校長（および／または教員）は，学校内の予算配分，教科書の採択について，8割前後の学校で自律的に決定できる（表1-2参照）。しかし，教員の給与（初任給・昇進）に関する決定権は平均17％と低い傾向にある（OECD 2011：43-44）。

　日本の学校の特徴は，カリキュラム編成（教科書採択・科目内容・開講科目）や成績に関する自律性が他のOECD加盟国の平均と比べると，どの項目も非常に高いことである。たとえば，開講科目の決定では，日本は94％の学校に決定権があり，調査対象の34のOECD加盟国及び31のパートナー国・地域（OECD平均は50％）の中で最も高かった。その一方で，学校の予算編成（日本28％，OECD平均46％）や教員の採用（日本25％，OECD平均61％）・

表1-2 校長の人事・予算・カリキュラム編成の自律性

1．「校長，及び／または，教員」のみで決定
2．「校長，及び／または，教員のみ」と「地方，及び／または，国家の教育官公庁」の両方で決定
3．「地方，及び／または，国家の教育官公庁」のみで決定

(%)

			日本	フィンランド	アメリカ	OECD 平均
人事	教員採用の選考	1	25	32	88	61
		2	2	43	12	14
		3	73	25	0	25
	教員の解雇	1	22	18	75	51
		2	1	19	19	13
		3	77	63	6	37
	教員の初任給の設定	1	13	8	17	17
		2	0	7	5	7
		3	87	84	78	77
	教員の昇給の決定	1	16	5	18	17
		2	3	15	6	10
		3	80	80	75	73
予算	学校予算の編成	1	28	36	54	46
		2	4	41	29	22
		3	69	23	16	32
	学校内の予算配分の決定	1	89	92	83	81
		2	3	6	13	12
		3	8	1	4	8
カリキュラム編成	生徒の成績評価方針の決定	1	98	50	46	66
		2	2	43	40	23
		3	0	7	13	11
	教科書採択	1	89	98	62	78
		2	8	2	28	15
		3	3	0	10	8
	科目内容の決定	1	93	32	36	45
		2	6	52	46	31
		3	1	16	18	24
	開講科目の決定	1	94	55	58	50
		2	5	39	37	28
		3	2	6	4	21

資料）OECD（2011）pp.43-44.

解雇（日本22％，OECD平均51％）に関わる人事決定権はOECD加盟国の平均よりも低い。その他の項目として，ある程度決められた枠組みにおける学校内の予算配分の決定権（日本89％，OECD平均81％）や教員の初任給（日本13％）や昇給（日本16％，OECD平均はどちらも17％）の決定権では，日本とOECD平均との間に大きな格差は見られなかった。日本では，教員の採用や給与に関する人事権，予算編成権は，自治体の教育委員会が掌握していることから，校長のリーダーシップは学校内でのカリキュラムや予算の配分で発揮されるという日本の特徴とも関連があると思われる。

　カリキュラム，予算・人事等に関する学校のリーダーシップについては，日本，フィンランド，アメリカで明確な違いがみられた。たとえば，フィンランドでは，OECD平均と比べると，教科書採用（98％）と学校内の予算配分（92％）に関する決定権をもつ学校が多いが，教員の人事に関する項目はOECD平均を大きく下回る。とりわけ，教員の初任給や昇給に関する項目は10％にも満たず，教員人事に関わる学校の自律性は低い。フィンランドの学校では，教員の解雇や昇給に関わる決定は6割から8割以上で地方・国の教育機関の仕事となっており，校長を含むすべての教員は，学校の中の教科教育に権限が集中していることが伺えよう。

　対照的に，アメリカ合衆国では，カリキュラム関連はOECD平均より低い項目があるが，予算や人事関連項目ではすべてOECD平均よりも高い。教科内容や教育技術の専門性，子どもたちとの関係性を含めた「教育力」を重視し，教員内部で将来の管理職を育てていく日本の教員文化と，初めから学校の人事や予算をにぎる「経営者」として校長を育成しているアメリカ合衆国の学校とは「リーダーシップ」の考え方が異なるようである。序章との関係でいえば，前者はteaching，後者はmanagementを重視する管理職モデルといえよう。

　ここで，OECD型のスクールリーダーシップを女性校長との関連で考察すると，興味深い傾向が見て取れる。つまり，OECD型リーダーシップが高いとされるアメリカ合衆国や西ヨーロッパでは，いずれも中等教育レベルの女性校長の割合が初等教育レベルの半分以下となっている。

　その一方で，OECD型リーダーシップが最も低い部類のフィンランドと日

本では，女性校長の実態は全く対極をなす。初等・中等の女性校長の割合に大きな差異がみられないフィンランドに対し，日本では，中等教育レベルの女性校長の比率は，欧米に比べても極端に低い。その理由を探るため，teaching のフィンランドと management のアメリカ合衆国に焦点を当て，分析をすすめる。

4 「経営力」のアメリカの校長と「教育力」のフィンランドの校長

詳しい分析に入る前に，アメリカ合衆国，フィンランドおよび日本の各教育レベルにおける教員の性別分布の特徴を整理しておこう。

初等教育段階に占める女性教員の割合は，いずれの国もユネスコの世界統計(2010)の61.6％を超えている。しかし，日本は64.8％，フィンランドは78.3％であり，OECD諸国平均の80.5％には達していない。中等教育段階では，日本以外はユネスコ平均（中学校53.4％，高等学校47.7％）を上回り，OECD諸国との比較では，平均（中学校66.6％，高等学校53.7％）か，平均より高い（OECD 2010b）。

先に概観したように，世界の教育現場は初等・中等教育段階ともに女性教員が半数以上を占めているが，学校段階が上がるにつれ，女性教員の占有率が低下するのが特徴である。この傾向は日本がとりわけ顕著で，中学

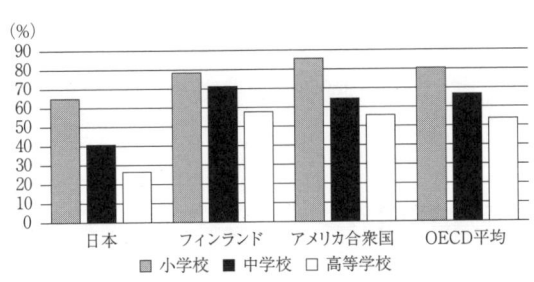

図1-3(1) 女性教員の教育段階別割合

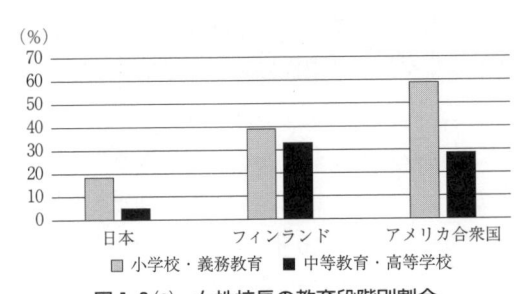

図1-3(2) 女性校長の教育段階別割合

資料) OECD (2010b) を参照・加工

校段階では40.8％，高等学校段階ではわずか26.4％と女性教員の割合が大きく減少する。この性別分布の不均衡は，女性校長の比率を見てみるとさらにはっきりする。

　たとえば，アメリカ合衆国の初等教育レベルの女性校長は60％以上であるが，中等教育レベル（7～12年生）になると30％近く減少する。日本に至っては，初等教育レベルの18.1％をピークに，中学・高等学校では，女性校長の割合は5％前後に減少する。フィンランドでは義務教育レベル（1～9年生）の女性校長の割合は39％であり，高等学校レベルになると33％に下がるが，アメリカと比較すると教育段階による減少は緩やかといえよう。

　なぜ，「経営力」が重視され，リーダーシップ指数が高いとされる国の校長は，教育段階が上がるにつれ女性校長の割合が低くなるのか。「教育力」が重視され，最もリーダーシップ指数の低かった日本では，なぜ中等教育段階，とりわけ高等教育段階の女性校長が極端に少ないのか。そして，同じく「教育力」が重視され，リーダーシップ指数が低いとされるフィンランドでは，教育段階が上がっても，女性校長の割合に大きな差異がないのはなぜか。次項では，フィンランドとアメリカにおける教育とジェンダーに関する社会環境を中心に分析を進める。

（1）教育とジェンダーをめぐる社会環境

　アメリカ合衆国の教育政策の中で女性の教育に大きな影響を与えたのは，1972年教育修正法第九条（タイトルIX）であろう。この法律は，連邦政府から援助を受けているさまざまな教育活動における男女の不均衡を是正する目的で制定され，スポーツ関連の活動やカリキュラム編成に対して予算をつけ，対象分野の改善に大きな役割を果たしてきた。このような動向は，アメリカ合衆国社会における多様性への寛容や女性解放運動とも重なり，学校管理職の男女の不均衡是正にも一定の功を奏してきた。たとえば，1987-88年の公立中等教育レベルの女性校長は9.4％であったが，1999-2000年には22％，現時点の最新データでは29％（2007-2008）に増えている。また，連邦政府のレベルでは，「2001女性の教育公正（エクイティ）法」が提唱され，そのためのカリキュラム，

教育訓練，教材等などへの予算がつけられている。

　男女平等推進の動きはフィンランドでも拡がっていた。フィンランドでは，1990年代初頭，北欧評議会等の資金援助を受け，学校や教員養成にジェンダーバイアスに関する認識を深めることを目的とした事業が推し進められた（ラヘルマ 2008）。1995年，フィンランドがEUの一員に加わると，男女平等を推進しようとする多種多様な計画が取り入れられ，教員養成も例外ではなかった。たとえば，オウル大学[5]やラップランド大学[6]では，女性学やジェンダー学のプログラムが教育学部に設置され，ジェンダーの視点がカリキュラムの中に組み込まれている。2004-2007年の間には，ジェンダー平等のため，すべての政府機関がモニターするアクション・プランとして，100以上のプロジェクトが実施された（MSAH, Finland 2006）。最新の政府報告書（MSAH, Finland 2011）では，ジェンダー平等の理念は教育政策としても明示され，教員養成教育の中で徹底されている。

　一般に経済的に発展した国では，女性の教育年数は，男性より長くなる傾向があるが，フィンランドやアメリカも例外ではない。2008年の時点で，フィンランド女性の平均教育年数は17.7年であり，男性（16.6年）よりも1年以上も長く教育を受けている。アメリカ女性の教育年数も16.6年と，男性の15.1年と比べると長い[7]。しかし，日本女性の平均教育年数は14.9年であり，男性（15.2年）よりも短い。その理由は，本人の進学意志も考えられるが，学費を支払う保護者によっては，息子は4年制大学，娘は短期大学といった考え方があることも反映されているのかもしれない。

　フィンランド女性の高学歴は，教員をはじめとした専門職で大学院卒が基本であることが背景にある。教員の高学歴傾向は，アメリカでも同様であり，2006年の時点で60.4％の教員が修士もしくは専門職の学位を取得している。管理職のレベルでは修士以上の学位が前提になっていることが統計上明白である。たとえば，2007-2008年の時点でアメリカ中等教育レベルの校長の学歴は，修士課程修了が61.1％（女性58.1％），大学院教育専門職修了が29.0％（同31.2％），博士課程修了が8.4％（同9.2％）であり，アメリカでは，男性校長と比べて女性校長のほうが若干高学歴の傾向がある[8]（NCES 2010a：113, 131）。

しかし，働く「女性校長」にとって，日本，アメリカ，フィンランドの社会・経済・政治的環境がそれぞれ大きく異なることを指摘しておきたい。本章で取り上げたこの3つの国は，経済的に豊かな国であり，教育，保健，福祉等の人間開発も進んでいる。2010年11月の国連開発計画「人間開発報告書2010」（UNDP 2010：143）によれば，保健，教育，生活水準の3つの指標からなる「人間開発指数」は，アメリカ4位，日本11位，フィンランド16位と「非常に高い人間開発」を実現している。しかし，世界経済フォーラム（2010）は「グローバル・ジェンダー・ギャップ報告2010」で，経済・教育・政治・保健の分野における男女格差を計測した「ジェンダー・ギャップ指数」（Gender Gap Index：GGI）を発表した。男女の格差が小さい順位で，134ヵ国中フィンランドは3位，アメリカは19位であるが，日本は94位であった。日本の男女格差が大きい理由は，国会議員など女性の政治参加や労働市場参加率が低いことである。たとえば，日本の女性国会議員の比率は11％であるが，フィンランドは40％，アメリカは17％である。女性閣僚の比率は，日本12％，フィンランド63％，アメリカ33％である。ちなみに，ジェンダー・ギャップ指数の小さな国上位4ヵ国は，フィンランドを含め，福祉制度の整った北欧の国々であり，公立の女性校長の割合も他の諸国と比べて高い。

（2）校長職に対するキャリアパスの捉え方の違い

アメリカでは，校長になるための資格要件を満たせば若くして校長になれる環境が整っており，教員経験のほとんどない校長もいれば，教員歴20年以上経てから校長になるケースもある（表1-3参照）。たとえば，2007-2008年の時点で，教育歴が3年以下の校長は全体の6.8％であり，9年以下は34.9％，19年以下は41.5％である。教育歴20年未満の校長が，全体の83.2％を占めるのである。また，比較的若い40歳未満の校長は，全体の19％である。ベテランの領域となる55歳以上の校長は29.5％であり，残りの約50％強が40歳以上55歳未満の校長である（NCES 2010a：249, 251）。

アメリカの中等教育レベルの校長は，日本よりも若くして校長になるケースが多いために，校長歴も長い。2007-2008年の時点で，校長歴10-19年の者は

表1-3 無料・割引昼食の生徒の割合別にみた校長の特徴（公立中等教育・アメリカ合衆国）

	2007-2008				
	0-25%	26-50%	51-75%	76-100%	全体の平均
割合[1]	32.6	31.3	15.6	11.8	
性別					
男性	78.0	74.0	64.8	62.5	71.5
女性	22.0	26.0	35.2	37.5	28.5
人種					
白人	93.0	88.1	74.7	57.4	84.1
黒人	4.4 !	8.4	16.0	22.3	9.8
ヒスパニック	1.3 !	2.3 !	6.8 !	17.8 !	4.5
アジア系他	0.5 !	1.2 !	2.2 !	*	*
年齢					
40歳未満	16.8	21.6	22.3	19.2	19.0
40-44歳	16.5	16.5	7.5	16.2	14.6
45-49歳	14.7	16.8	15.9	17.2 !	15.4
50-54歳	19.5	21.5	26.3	21.0	21.5
55歳以上	32.5	23.5	27.9	26.3	29.5
教育歴					
3年未満	3.5	7.3	7.4 !	10.3 !	6.8
4-9年	37.5	35.6	31.2	30.2	34.9
10-19年	42.3	41.9	38.1	49.6	41.5
20年以上	16.6	15.3	23.3	9.9!	16.8
校長としての経験年数					
3年未満	30.8	36.3	43.0	38.4	35.5
4-9年	36.2	38.9	31.9	38.0	36.6
10-19年	26.3	20.1	21.2	18.4	22.5
20年以上	6.8	4.7	3.9	5.3 !	5.4
定着率					
留任	81.9	81.9	79.8	74.2	79.5
転任	6.0	6.7	6.4	9.1	6.9
退任	11.2	10.3	12.2	13.4	11.9
その他	0.9	1.2	1.6	3.3	1.8
平均年収(2008-2009)	$100,700	$87,100	$88,100	$88,200	$90100[2]
年収(2008-2009)					
$30,000-44,999	*	1.0 !	*	2.2 !	0.8 !
$45,000-59,999	2.0 !	3.5	3.1	8.0 !	3.6
$60,000-74,999	10.5	21.4	27.0	25.1	19.4
$75,000-99,999	39.2	49.6	43.1	33.5	41.8
$100,000以上	48.2	24.5	26.6	31.2	34.3

注）！データ解釈要注意（推定は不安定）。＊集計基準値に満たない。
(1) 無償・割引昼食のプログラムに参加していない，もしくはデータの提供がないため，すべての公立高校を含むデータではない。
(2) 「全体の平均」部分の平均年俸及び年俸は，2009-2010のデータである。
資料）無償・割引昼食プログラムの部分については，NCES (2010a) pp.253-255 (Table A-29-2) 参照。全体の平均については，NCES (2011) pp.255-255 (Table A-33-1)，定着率については，p.258 (Table A-34-1) 参照。

22.5％，20年以上の者は5.4％であった（同：251）。中等教育レベルの校長の平均像は，12.7年の教育経験を積んだ後校長になり，校長としてのキャリアは7.1年である（NCES 2010b：131）。そして，10年以上校長職を勤めて定年を迎えるケースが68.2％である（NCES 2011：260）。

　しかし，アメリカの女性校長（28.5％）と男性校長（71.5％）では，勤務先の学校環境に違いがある（表1-3参照）。保護者の経済事情により，昼食が無料もしくは割引になっている生徒の占有率が高い学校になるほど女性校長の割合が高くなる。その一方で，無料・割引食の生徒率が低い学校ほど，男性校長の割合が高くなる。たとえば，無料・割引昼食の生徒の割合が25％以下の学校の女性校長比率は22％（男性校長78％）であるが，その割合が76〜100％の学校では，女性校長比率も37.5％（男性校長62.5％）と高くなる（NCES 2010a：253）。

　一般的に，無料・割引昼食の生徒の割合が高い学校では，保護者が経済的問題を抱えた生徒が多く，学校運営にもより多くの配慮が必要とされる。このような学校では，非白人で教育歴3年以下の校長が勤務する割合が高く，校長の定着率や給与も相対的に低い傾向がある（NCES 2010a, 2011）。たとえば，無料・割引昼食の生徒の割合が25％以下の学校では，93％が白人の校長であり，教育歴3年以下の校長の割合は3.5％，前年度と同じ学校にとどまった校長は81.9％であった。年収についても，6万ドル未満は約2％，10万ドル以上は48.2％であった。

　その一方で，無料・割引昼食の生徒の割合が76％以上の学校では，白人の校長は57.4％であり，教育歴3年以下の校長は10.3％，定着率も74.2％に減少する。年収は，6万ドル未満が約10.2％，10万ドル以上が31.2％であった（同）。生徒の経済的困難を含めたいわゆる「困難校」といわれる学校ほど女性校長が多くなるということは，男性校長よりは女性校長の方が厳しい環境下で職務を遂行している割合も高いということでもある。しかし，興味深いことに，女性校長は男性校長に比べて同じ学校にとどまる割合が若干ではあるが高い（定着率女性81.3％，男性77.6％）（NCES 2011：259）。女性校長が次の就職先を見つけるのは，男性校長と比べると厳しい要因があるのかもしれない。

表1-4 フィンランド公立高校の女性校長の割合と年齢分布（2005）

	校長合計数	女性校長		教員資格	
		数	%	あり	なし
フィンランド語が使われる学校　小計	393	126	32	100	-
普通科高等学校校長	296	83	28	100	-
義務教育及び高等学校共通の校長	41	15	37	100	-
成人用高等学校校長	39	21	54	100	-
その他合同の校長	17	7	41	100	-
スウェーデン語が使われる学校　小計	39	18	46	97	3
普通科高等学校校長	30	14	47	100	-
義務教育及び高等学校共通の校長	6	3	50	83	17
成人用高等学校校長	2	-	-	-	-
その他合同の校長	1	-	-	-	-
フィンランド語＋スウェーデン語　合計	432	144	33	100	-
普通科高等学校校長	326	97	30	100	-
義務教育及び高等学校共通の校長	47	18	38	98	2
成人用高等学校校長	41	21	51	100	-
その他合同の校長	18	8	44	100	-
校長の年齢分布					
40歳未満	47（10.9％）				
40-49歳	92（21.3％）				
50歳以上	293（67.8％）				
合計	432（100.0％）				

資料）Ministry of Education, Finland (2007) p.12, p.56.

それでは、フィンランドの校長の場合はどうだろうか。生涯教育が発達しているフィンランドでは、義務教育を終了した多くの生徒たちが進む高校、義務教育レベルと連結した高校、そして一旦社会にでた者が高校にもどって学ぶ成人用の高校がある。フィンランドの高校全体の女性校長の割合は33％であるが、その内訳は校種によって異なり、義務教育を終了した生徒たちの高校で30％、義務教育レベルと連結した高校で38％、成人用の高校では実に半数以上の51％である（Ministry of Education, Finland 2007：56）。入手できるデータは限られているが、フィンランドの女性校長は、いわゆる義務教育終了後の生徒たちが進む大多数の「普通高校」とは異なる校種で多く活躍しているのがわかる（表

1-4参照)。

(3) 校長の人事権

　前節で概観したように，OECD平均と比べると，アメリカの校長の職務は，人事（教職員採用，昇級などを含む）や予算配分に関する権限と責任の程度が大きい（表1-2参照）。また，生徒および教員の「管理」も含まれるため，授業観察や生徒の試験結果への関心は，OECD平均と比べて25％以上も高い（表1-1参照）。たとえば，「授業観察を行う」と答えた校長は，OECD平均で50％であったが，アメリカでは95％であった。ちなみに日本は37％，フィンランドではわずか9％である。また，「カリキュラム開発に関する決定について生徒の試験結果を参考にする」と答えた校長の割合は，OECDの平均が61％であったのに対し，アメリカでは88％であった。この項目についても，OECD34ヵ国中，日本は37％，フィンランドでは13％と最も低い部類に属する（OECD 2010a：100）。

　一般にアメリカでは，学校運営の基準や教育課程の決定，教員の指導をモニターするためのよりどころとしてだけではなく，保護者や地域住民に学校の説明責任を果たすために，試験の成績結果を積極的に活用している（OECD 2010a：227-231）。日本では，学力試験や調査結果のデータを判断材料としては活用するが，「基準」とまではみなしていない。フィンランドに至っては，PISAや学力試験の結果を教員管理や生徒の学習達成度のモニターとして活用することはほとんどない（OECD 2011：51）。その背景には，学校「経営者」として短期間で目に見える「結果」が求められるアメリカの校長と，「教員」のアイデンティティをもち，校長になっても授業を受けもつことが多いフィンランドの校長との意識の違いがあるものと思われる。

(4) 校長・教員の待遇・労働環境（給与・拘束時間）

　一般的に，文化的・歴史的に職業的威信の高い職業には男性が多く，報酬も一般の職業に比べて高くなる傾向がある。言い換えれば，職業の威信や給与水準が低くなると女性の比率が高くなり，この傾向は，教員のケースにも当ては

表 1-5　教員の給与と労働時間の比較（2008）

	日本	フィンランド	アメリカ	OECD 平均
高等学校				
教員の給与（年収）				
初年度	27,545	32,731	36,398	32,563
15 年後	48,655	44,919	47,317	45,850
最高給与	63,184	57,925	53,913	54,717
初任給と最高給与の比率	2.29	1.77	1.48	1.74
教員の年間労働時間				
授業時間数	500	550	1051	661
法定労働時間の総数	1899	m	1998	1657
中学校				
教員の給与（年収）				
初年度	27,545	32,513	35,915	30,750
15 年後	48,655	40,953	44,000	41,927
最高給与	61,518	51,512	53,972	50,649
初任給と最高給与の比率	2.23	1.58	1.50	1.70
最高給与に達する年数	34	16	m	24
教員の年間労働時間				
授業時間数	603	592	1068	703
法定労働時間の総数	1899	m	1977	1662

注）m データ入手不可
資料）OECD（2010b）．高等学校・中学校の教員の給与については pp.402-403，教員の労働時間については pp.416-417 を参照。

まる。ユネスコのジェンダーに関する統計（2010：62-65）によれば，初等教育レベルの教員の初年度年収が，一人当たり国内総生産（GDP）平均の 3 倍以上の中央アフリカでは，女性教員の割合も低い（たとえば，チャドの女性教員の割合は 13％，マリでは 27％）。その一方で，中央・東ヨーロッパの国々の初等教育レベルの女性教員の割合は 9 割以上であるが，初等教育レベルの教員の初年度年収は，一人当たり GDP 平均を下回る。それでは，日本，フィンランド，アメリカ合衆国の教員の給与はどうか。

　フィンランドやアメリカと比べると，2008 年度の日本の教員の初年度年収（最低年限の教育歴の場合）はすべての教育段階において低い。しかし，日本の教

員の給与は年功賃金であるため，教員歴15年で，フィンランドとアメリカの給与水準より高くなる。その結果，中学・高校教員の初年度年収と最高水準の年収の比率をみると，日本の給与水準は，OECD平均（1.7倍強）と比べて高く，2倍以上にもなる。フィンランドは，中学レベルでOECD平均を少し下回るが，高等学校レベルではOECD平均を若干上回る程度である。しかし，アメリカの場合，中学・高校のいずれの段階でも，教員の初年度年収と最高水準の年収の比率は，1.5倍前後であり，OECD平均を下回る（OECD 2010b：402-403）。

それでは，校長の給与はどうだろうか。アメリカ公立高等学校レベルの校長の平均年収は，2009-2010年で90,100ドルである。この年収額は，世界経済の停滞を反映して，2007-2008年の91,500ドルに比べると若干目減りしている。平均的な校長は，13.1年の教育経験を経て校長になるため，高校教員歴15年の平均年収（47,317ドル）の約2倍弱，新米教員の2.5倍である。また，2007-08年度校長の平均年収（初等・中等計）は，女性校長が86,600ドル，男性校長が87,300ドルであり，公立の校長の年収には，男女による格差はみられない（NCES 2010b：131）。

しかし，この年収は，比較的待遇面で恵まれている「公立」の学校校長のケースであり，「私立」のケースでは校長の給与水準は低くなる。たとえば，2007-08年度「私立」校長の平均年収（初等・中等計）では，女性校長が53,700ドル，男性校長が63,800ドルであった。「私立」の校長は，「公立」校長の年収の3分の2に減少するだけではなく，男女の年収格差も1万ドル以上に広がる（同）。「私立」の女性校長の年収が低いのは，年収水準の低い初等教育レベル（平均年収56,200ドル）に集中していることも要因にひとつと考えられる。

フィンランドのケースでは，2002/03年中等教育レベルの教員と校長の最高年収額（基本給のみ）を比較したEurydiceによるデータがある（OECD 2008：173）。このデータから，フィンランドの校長の最高年収は，教員の最高年収の約4割を超えた程度であることがわかる。2008年のフィンランド教員の最高年収額が57,925ドル（表1-5参照）であるから，校長の最高年収額は約8万ドルを超える程度と推測される。

日本の教員の待遇面は，OECD諸国の平均と比べても遜色はない。教員歴

40年以上のベテラン教員と若い校長との比較であれば，学歴，勤続年数，扶養家族数などの個人の属性によっては，給与の格差はないか，年配の教員の方が多い場合もあり得るだろう。

次に，教員の授業時間数および法定労働時間数を比較してみると，日本の教員の授業時間数は，どの教育段階でもOECDの平均と比べると短いが，法定労働時間は長い。日本の教員の授業時間数は短いにもかかわらず，授業以外の拘束時間が長いということである（OECD 2010b：416）。

しかし，アメリカの教員は，授業でも法定労働でも長時間労働である。アメリカの教員の法定労働時間数は，OECD平均と比べると，どの教育段階でも250時間から340時間も長い。高等学校レベルの授業時間数は，日本の教員が500時間，フィンランドの教員が550時間，OECD平均が661時間であるが，アメリカの教員は1051時間である。フィンランドの教員の授業時間数は，全教育段階でOECD平均より短い（同：416-417）。

教員の待遇面から見えてくるのは，アメリカの教員の厳しい現状である。アメリカの教員は，労働時間が長く，給与水準も低い。一般の教員である限り，大幅な給与の上昇は望めないため，早期に教員または副校長から校長へキャリア変更を行う場合もある。その大きな動機は，「報酬」の違いであり，このようなケースは，女性校長よりは男性校長に多い（Eckman 2004：196）。

エックマン（2004：197-198）によれば，男性校長と女性校長の違いとして，男性校長にはいわゆる「ロールモデル」の存在があり，インタビューをした8人中6人の男性校長が，校長になる前に「校長」や「教育長」などの肩書きをもつ男性同士の非公式なネットワークによる「サポート」（たとえば，電話による公募の情報，アドバイスなど）を受けたという。しかし，インタビューをした8人の女性校長は，そのようなサポートはなかったという（同：197）。アメリカのケースで指摘された「違い」がジェンダーによるものか，他の要因もあるのか，または日本のケースにもいえることなのか，それらを明らかにするにはさらなる分析が必要とされよう。

5 結論

　前節では，学校経営力を重視するアメリカ合衆国と教科の専門性を保ちながら，教師の代表として学校組織をまとめていくフィンランドおよび日本の中等教育レベルの女性校長の現状を，主に統計的数値を見ながら概観してきた。これまでの知見を整理すると，次の4点に集約できる。第1に，世界の女性校長の傾向として，中等教育レベルの女性校長の割合は，初等教育レベルに比べると大きく減少する傾向があるが，フィンランドなど福祉制度が整い，男女の格差が小さい国では，その減少幅は小さい。第2に，女性校長と男性校長の勤め先には，公立か私立か，初等教育か中等教育か，困難校か否か，などの違いがみられた。第3に，日本・フィンランドの教員と比べると，アメリカの教員の給与が低く抑えられており，校長と教員の給与の格差が大きくなる傾向がある。アメリカでは，中等レベルの女性校長と男性校長との間の昇進や給与に「違い」があるということがいわれてきたが，ヤングら（2010：590）の最新の研究によれば，男女による違いはないという研究結果も出ている。最後に，フィンランドやアメリカの教員と比べると，日本は年功序列賃金により，同じような教員歴・学歴であれば校長と教員の給与の格差は小さい。

　これらの知見をふまえ，本章の結論として，日本では「高校の女性校長はなぜ少ないのか？」という問いに，3つの方向性を示したい。第1に，女性校長が少ない最大の理由は，女性が経済・政治分野のリーダーとして活躍できる土壌が十分ではないことが挙げられる。本来であれば，男性も女性もともに自律した個人として，仕事も家庭も両立できることが望ましい。しかし，日本は，ジェンダー・ギャップ指数が134ヵ国中の94位とかなり低い位置にいる。これは，男女雇用機会均等法や男女共同参画社会基本法など，一応の法整備はできていても，経済・政治分野で女性の意思決定への参加が遅れている現状があること等による。その一方で，国の教育政策としてジェンダー平等を推進しているフィンランドでは，女性の経済・政治分野への参加がある程度達成されている。そして，フィンランドだけではなく，ジェンダー・ギャップ指数の上位国には，女性校長の比率が初等・中等教育レベルを通じて一定数保たれている

北欧の国々が並んでいる。

　第2に，これは第1の問題にも通じることであるが，教育分野だけではなく社会全体のジェンダーに関する意識の弱さが，女性校長の誕生を阻む要因のひとつであろう。フィンランドの事例のように，教員養成の段階でジェンダーに関する視点をカリキュラムや教材研究，教育実習，管理職研修などに取り入れ，ジェンダーに関する認識を深めていくための努力が必要である。また，女性のロールモデルを増やす工夫として，初期の段階では同じ能力であれば，女性を積極的に管理職に採用していくための登用のシステム化も課題である。それと同時に，より客観的な管理職への資格要件を整備していく必要もある。

　第3に，学校や教員の管理監督を重視する校長を前提とした登用のあり方そのものを，女性校長が少ない要因のひとつとして考えることができる。こうした校長像は，トップダウン型に通じる側面もあり，女性校長よりは男性校長が好まれる傾向がある。その根本的な問題は，「効率性」にある。「トップダウン」や「男性同士のネットワーク」などは，その効率性ゆえに多様性を排除する傾向がある。しかし，「奉仕的リーダーシップスタイル」は，男女ともに伝統的な「トップダウン」のリーダーシップよりも効果があるという知見もある（Fridell et al. 2009：722-736）。その意味では，教員の代表として話し合いによって学校経営を進めるフィンランド型のモデルは，日本の学校経営のあり方に何らかの示唆を与えるものと思われる。

注
1）南・西アジア（初等教育段階）のデータは，2007年。
2）文部科学省調査「民間人校長及び民間人副校長等の任用状況について」（2010年4月1日現在）を参照。たとえば，杉並区や品川区などの学校選択制，教員のフリーエージェント制，小中一貫教育などは，校長への大幅な権限委譲を掲げる自治体が推進しているケースが多い。ちなみに，民間校長の任用が多いところは，実績のある43都道府県市中，横浜市14人，神奈川県10名，大阪府8名，東京都・埼玉県がそれぞれ6名で，これら5都道府県市で106名中44人（約42％）を占める。しかし，公募で校長に任用されたのは60名で，その他の内訳は 推薦19名，人事異動24名，庁内公募3名であった。
3）これらの訳語として，理事長（director），校長（headmaster），教頭（head-

teacher）などが考えられる。
4）具体的には，OECD の各項目リーダーシップ指標の平均は 1 項目を除き 50％から 94％の間であるが，日本は 17％から 61％の間であった。
5）Women's and Gender Studies, Dept. of Educational Sciences and Teacher Education, University of Oulu. オウル大学の女性とジェンダー学の歴史は長く，2009 年に 20 周年を迎えた。
6）Women's Studies Unit, Faculty of Education, University of Lapland. ラップランド大学の女性学は，1989 以来，教育学部をはじめさまざまな学問領域で開講されてきた。2010 年には「女性学」から「ジェンダー学」に名称を変えた。
7）フィンランド人の平均教育年数は，日本人やアメリカ人と比べて相対的に長い。フィンランドでは，高等教育（公立大学）を含めて授業料が無償であることも関係しているのかもしれない。
8）公立の校長の場合，博士課程を修了した者は女性で 9.2％，男性で 7.7％である。

引用・参考文献

Eckman, Ellen W. (2004) Does gender make a difference? Voices of male and females high school principals. *Planning and Changing*, Vol.35, No.3 & 4, pp.192-208.

Fridell, Max, Belcher, Rebecca Newcom & Messner, Phillip E. (2009) "discriminate analysis gender public school principal servant leadership differences," *Leadership & Organization Development Journal*, Vol.30 Iss : 8, pp.722-736.

Ministry of Education, Finland (2007) *Improving School Leadership, Finland Country Background Report*, Publications of the Ministry of Education.

Ministry of Social Affairs and Health (Finland) (2006) *Gender Equality Policies in Finland*, Helsinki, Finland.

――― (2011) *Government Report on Gender Equality*, Helsinki, Finland.

National Center for Education Statistics (NCES) (2010a) *The Condition of Education 2010*, U.S. Department of Education.

――― (2010b) *Digest of Education Statistics 2010*, U.S. Department of Education.

――― (2011) *The Condition of Education 2011*, U.S. Department of Education.

OECD (2008) *Improving School Leadership*, Volume 1: Policy and Practice, OECD Publishing.

OECD (2010a) *PISA 2009 Results: What Makes a School Successful? ―Resources, Policies and Practices* (Volume IV).

OECD (2010b) *Education at a Glance 2010*, 'Indicator D7: Who are the teachers?'

OECD (2011) *Lessons from PISA for the United States, Strong Performers and Successful Reformers in Education*, OECD Publishing.
ラヘルマ，エリーナ（2008）「ジェンダーの視点に立って」R.ヤック-シーヴォネン・H.ニエミ編，関隆晴・二文字理明監訳『フィンランドの先生　学力世界一のひみつ』桜井書店
United Nations Development Programme (2010) *Human Development Report 2010*.
UNESCO (2010) *Global Education Digest 2010: Comparing Education Statistics*. UNESCO Institute for Statistics.
World Economic Forum (2010) *The Global Gender Gap Report 2010*.
Young, Phillip, Reimer, Don and Karen Holsey Young (2010) "Effects of Organizational Characteristics and Human Capital Endowments on Pay of Female and Male Middle School Principals," *Educational Administration Quarterly*, 46.

第2章

日本における女性教員のあゆみ
歴史的変化

1 はじめに

　本章は,「女性校長はなぜ少ないのか」についての要因を多層的に明らかにするための基礎データの提示に資するべく,わが国の女性教員のあゆみを歴史的に検討する。そのうえで,わが国の女性校長,とりわけ公立高校の女性校長はいつどのように誕生し,漸増を遂げてきたかについて,統計および歴史的資料に基づき論じることとする。

　学校制度に基づく教職は,明治以来の長い歴史をもち,女性が比較的多く参入してきた職業分野である。とくに,初等教育段階では女性教員の割合が6割を超えて久しい。しかし,学校教育の場も社会の縮図的側面を多分にもち,学校段階や管理職や校務分掌における教員配置にも性別構成の不均衡が存在し,とりわけ,学校管理職は長い間男性で占められてきた。表2-1「公立小・中・高等学校の女性教員比率・女性管理職比率の推移」に見るように,2010年度の女性教員比率（文部科学省『学校基本調査報告書』以下図表等除く本文では「学校基本調査」とする）によると,小学校では女性教員は6割（63.1％）を超えているものの,中学校では4割（42.3％）,高校では3割（30.1％）と,学校段階が上がるにつれて女性比率は下がる。

　そこで,近年,具体的には1996年度から2010年度までの15年間の推移を捉えてみたい。小学校の女性教員比率は,15年間で,1.5ポイントの,中学校も2.2ポイントの上昇に留まったが,高校は6.4ポイントと大きく女性教員

比率を上昇させている。

　教頭・校長などの女性管理職比率はどうだろうか。女性教員がすでに6割を超えて久しい小学校においても，女性校長は18.4％，女性副校長は27.3％，女性教頭は21.6％，中学校では，それぞれ5.3％，9.9％，7.5％，高校では，4.8％，6.4％，7.1％と，学校段階の上昇とともに女性教員比率同様，管理職比率も下降する。とくに高校の校長を都道府県別にみると，2010年度現在，女性校長が1人もいない「ゼロ県」が1県あり，校長に占める女性の割合は，4.8％と低率に留まっていることより，学校管理職における男女共同参画は低位段階と

表2-1　公立小・中・高等学校の女性教員比率・女性管理職比率の推移（1996-2010）

(％)

年度	小学校			中学校			高等学校		
	女性教員率	女性校長率	女性教頭率	女性教員率	女性校長率	女性教頭率	女性教員率	女性校長率	女性教頭率
1996	61.6	10.6	20.9	40.1	2.2	6.0	23.7	0.9	2.0
1997	62.0	12.4	21.9	40.6	2.5	6.3	24.2	0.9	2.6
1998	62.2	13.8	22.5	40.9	2.9	6.8	24.7	1.2	3.0
1999	62.3	14.5	22.6	40.9	3.3	7.3	25.2	1.6	3.3
2000	62.3	15.5	22.5	40.9	3.5	7.6	25.7	1.9	3.6
2001	62.5	16.4	22.5	41.0	3.8	7.5	26.4	2.4	3.8
2002	62.5	17.0	22.3	41.1	4.0	7.3	27.0	2.8	4.1
2003	62.9	17.7	22.0	40.6	4.3	7.5	27.6	3.4	4.6
2004	63.0	18.0	21.9	41.6	4.5	7.5	28.0	3.5	5.1
2005	63.0	18.2	21.6	41.4	4.8	7.5	28.2	3.6	5.2
2006	62.9	180	21.5	41.5	4.8	7.6	28.4	3.7	5.9
2007	63.0	17.9	21.3	41.8	4.8	7.5	28.7	3.8	5.9
2008	63.0	17.8	(26.5)21.1	41.9	5.1	(7.4)7.3	29.1	4.3	(5.0)6.3
2009	63.0	18.1	(27.5)21.1	42.1	5.1	(5.1)8.8	29.6	4.3	(5.7)6.7
2010	63.1	18.4	(27.3)21.6	42.3	5.3	(9.9)7.5	30.1	4.8	(6.4)7.1

注）・特別支援学校および中等教育学校を除いている。
　　・高校：全日制＋定時制の計
　　・（　）：副校長（学校教育法改正により2008年度より置かれた職）に占める女性の割合
資料）文部科学省『学校基本調査報告書』各年度版により筆者作成

いわざるをえない。

上述のように，女性教員は少なくないが，学校管理職に占める女性教員はいまだ僅少といえる。このような教育分野における，なかでも，学校段階や職位に見られる男女差の要因は何なのか。本章では，女性教員のあゆみを歴史的に検討し，女性校長の輩出および量的拡大のための課題を探ってみたい。

2 女性教員のあゆみ

公立高校の女性校長研究を進めるにあたり，女性校長を輩出する職業的母集団としての女性教員のあゆみを整理しておく。まず，戦前戦後の女性教員を巡る歴史的変化を把握し，そのうえで，高校の女性教員の現況を捉えてみたい。

(1) 戦前期における女性教員の必要性

女性の教員の誕生は，江戸時代の寺子屋の師匠がその源泉となり，寺子屋や御針屋の女師匠が女性教員の始まりとされている（唐澤 1989：115-117）。しかし，女性が経営する寺子屋はごく僅かであり，専ら裁縫の師匠というのが常であり，当時の女師匠の中には，武士などの妻が夫と死別した後，生計を立てるために手習いを教えるというケースもあったようである。だが，庄屋の妻や娘あるいは僧侶の妻などで裁縫の心得のある者が，裁縫を教授することのほうが多く，まだ教員を女性の職業のひとつとして定着させるようなものではなかった。ともあれ，江戸時代の寺子屋などの女師匠を女性教員の萌芽とすることには異論はないであろう。以下では，比較的多く女性が参入できた小学校教員を中心に検討する。

1872（明治5）年に学制が頒布され，全国末端に至るまで小学校を設置することが定められた。1873（明治6）年，アメリカから文部省に招かれ，学監として教育行政を指導したデヴィット・マレー（David Murray）は，「女性は生まれながらの教師」「天然の教師（natural teacher）」であるとして，女性教員は幼少な者や女子の教育に適していると説き，女子教育の発展に大いに貢献した。「天然の教師」という表現はマレーの母国の「公立学校運動」の指導者ホ

レース・マン（Horace Mann）が好んで用いたところのものであった（入江 1969：27-30）。マレーは女子を教授に適するようにするには，まず女子を教育しなければならないとして女性教員の養成を説いている。1875（明治8）年の東京女子師範学校の開校をはじめとして各県で女子師範学校が設立された。初代文部大臣森有礼も女性の教員としての天性を説き，女性教員を積極的に採用することを推奨し，その養成が行われる（唐澤 1989：124）。

地方の府県での女子師範学校設立の動きをみると，たとえば，栃木県においては1875（明治8）年11月に栃木師範学校内に女子部が創設されている（宇都宮大学教育学部史編纂委員会1989）。近県の山梨県では，山梨県女子師範学校が1878（明治11）年[1]に設立され，2年後の1880（明治13）年5月31日，15人の山梨県初の女子訓導が小学校に赴任している（津布楽 1984：82）。そして，1884（明治17）年の全国の女性教員数は4,601人[2]，教員全体に占める割合は4.7％と少なかったが，1900（明治33）年の「小学校令」改正（第3次）に至って，尋常小学校の修業年限は4年に統一され，「市町村立尋常小学校ニ於テハ授業料ヲ徴収スルコトヲ得ス」と，義務教育課程である尋常小学校では授業料を徴収しないことが明記された。この頃には女子の小学校への就学率も次第に上昇していった。それにともない小学校における女性教員の必要性も確かなものとなり，女子師範学校への入学希望者も多くなり，女性教員は増加の一途を辿る。深谷昌志ら（1971：246）は，1892（明治25）年から1906（明治39）年の間に，男性教員は1.6倍の増加にとどまったが，女性教員は7.2倍と増加が顕著であること，また，小学校における女性教員率も，1890（明治23）年は僅か6％[3]にすぎなかったが，1905（明治38）年度には20％にまで達していることを指摘している。

女性教員は，大正期に入ってからも順調に増え続けている。『文部省年報』各年度版によると，1912（大正元）年度の小学校の尋常と高等小学校の合計での女性教員比率は27.3％，1925（大正14）年度には33.1％[4]となり，3人に1人は女性教員と飛躍的に数を増している。だが，教員の種別をみると，女性教員の3分の1が准教員か代用教員であり，1920（大正9）年度でみると，女性教員60,298人の36.3％に相当する21,909人が准教員か代用教員で占められていた。

しかし，5年後の1925（大正14）年度には女性教員は9,000人増え，69,363人となり，その25.3％に相当する17,590人が准教員か代用教員だが，本科正教員と専科正教員は5年間で38,342人から51,773人となり，正教員が増え，准教員と代用教員が減少している。

その後，父母や世間の女性教員の増加傾向に対する不満や不安はさまざまな形で投げかけられたのであるが，戦時体制下にあった1937（昭和12）年を境にして女性教員数が急激に増加していく。碓井岑夫は，これは戦時体制下の男子労働力の不足と低待遇の現れであり，「大正から敗戦にいたる時期の女教師の歴史は，まさに，『戦争の中の女教師』と呼ぶにふさわしく，戦時恐怖・戦時体制のもとでの女教師の歩みであった。」と捉えている（碓井 1974：122-132）。

そして，1940（昭和15）年には，身分や給与面では低く扱われながらも，小学校の女性教員の割合は39.9％（宮地 1970：5）まで拡大した。たとえば，群馬県においても，1939（昭和14）年には女性教員比率は39.8％（1973人）（青木 1993：108）に，兵庫県のデータでも37％にまで達していることが確認できる。[5]

（2）戦後の新教育制度

1945年8月15日の敗戦を契機として，わが国の国政全般は連合国軍最高司令部の占領下に置かれることとなった。戦後の教育改革はこの占領期間においてほぼその基本路線が敷かれたと捉えられている（文部省 1981）。同年9月文部省の「新日本建設の教育方針」，同年10月から12月にわたる総司令部の「日本教育制度に対する管理政策」が，翌1946年4月の「第一次米国教育使節団報告書」および5月の文部省の「新教育指針」が発表されていく。ちなみに，「新教育指針」には，本書の命題に繋がる女性校長の登用を促す次の一文も掲げられている。

　　元来，封建的な社会においては，男子の地位は女子より高く，男子のうける利益と幸福とは，女子にくらべて一層大きいのがつねである。日本においても，今日まで教育について方針をたてたり，これを実際に行ったり

すること，ほとんどすべて男子によってなされた。女学校においてさえ女子の校長が何人あるであろうか…（中略）…女子みずからの意見が，教育の上にも政治の上にも，実際に取り上げられることが大切である。この意味からも，女子の教養と地位を一層高めることが必要である。学校教育においても…（中略）…女教師は校長としても教育行政官としても，立派にその役割をはたすことができるであろう。（傍点引用者「第3章女子教育の向上」pp.71-75）

次の段階は，1946年8月内閣に教育刷新委員会が設けられたことに始まり，以後同委員会の審議とその建議をもとにして新教育制度の基礎となる重要な法律が相次いで制定・実施された。すなわち1947年4月から「6・3制」が発足し，新しい教育行政制度もしかれるなど，教育改革の骨組みはほぼこの時期にできあがっている。

さて，この新教育制度の骨組みとなり教育改革を具体化したものは1947年3月公布の「学校教育法」である。同年4月から施行されたこの「学校教育法」のもと，新制の学校として，まず1947年に小学校および中学校が，1948年に高等学校が，そして1949年に大学が発足した。新学制の実施は米国教育使節団報告書の発表から1年弱，教育刷新委員会の審議から3か月という極めて短期間に準備が整えられていった。

(3) 新制中学校と新制高等学校の発足

戦後の学制改革の特色のひとつは，義務教育の年限延長と中等教育の整理にあった。学校教育法の制定によって，新たに3年課程の新制中学校が発足し，小学校6年に続いて義務制とされたため，ここに9ヵ年の義務教育制度が確立されることとなった。新制中学校は1947（昭和22）年4月から発足したが，同年第一学年の生徒のみを義務就学とし，以後学年進行によって1949（昭和24）年度に全学年の義務就学が完成した。その間に，次にみる新制高等学校の発足にともない，旧制中等学校の2年生と3年生は，新設の高等学校に中学校を併設して希望者はその2年生，3年生として教育するなどの経過措置がとら

れた。

　新制高等学校は、「新学校制度実施準備の案内」で発表された通り、1年間の準備期間を経て1948年度から実施（文部省学校教育局 1949：1）されたが、概ね旧制中等学校や高等女学校からの移行と1年の準備期間の余裕があったことで、各県においても、新制中学校に比して、比較的円滑に発足した（文部省 1981／山形県・山形県女性の歩み編集委員会編 1995：310-311）。ただ、発足に当たって、新学制による小学校・中学校が発足した際、旧制中等学校在学生の移行などの経過措置を必要としたが、その後、1949年度と1950年度で次第に充実し、その体制が整えられた。

　この6・3・3制の新教育制度は、女子の上級学校への進学率を急速に上昇させることになった。新制高校への進学者は、発足して間もない1950年度は、男子（48.0％）と女子（36.7％）[6]の差に10ポイント以上の開きがあったが、年度を追うごとにその差は見られなくなり、1969年度には、女子の高校進学率（79.5％）が、初めて男子（79.2％）を0.3％上回った。ちなみに1969年度は、小学校の女子教員率が、5割（50.3％）を超えた年度でもあった。2010年度現在においても、高校等進学率は全国平均で98.0％（男子97.8％、女子98.2％）[7]となり、男女の差はほとんど無く、むしろ、女子が男子を上回る進学率となっている。

（4）新制度における男女共学制の実施

　上述のように、高等学校は1948年4月に全国一斉に開設された。新制高等学校の発足に当たって、3つの原則が総司令部から強く主張された。それは学区制、男女共学制および総合制の原則である。学区制は、公立の高等学校の平準化、地域性を図るためとされ、都道府県教育委員会が学区を定める権限を与えられた。

　また、男女共学の実施とともに普通科と職業科をあわせた総合制高等学校の設置が進められた。しかし、1947年2月の文部省「新学校制度実施準備の案内」[8]では、必ずしも男女共学でなくてもよい、男子も女子も教育上は機会均等であるという新制度の根本原則と、「地方の実情、なかんずく地域の教育的意

見を尊重して」決定すべきであるとされた。『新制高等学校実施の手引』(文部省学校教育局編1948：7-9)においても「新制高等学校の基本的性格の一として，男女の教育的機会均等がとりあげられる。新制高等学校においては必ずしも男女共学でなくてもよいが，新制高等学校の教育を受ける機会は男子にも女子にも同じように与えられるべきであり，その教育内容も全く同じ水準でなければならない。もちろん現在の旧制中等学校についても同じことがいわれるのであるが，現状はなかなかそうなっていない」とあり，上記と同様の趣旨が述べられている。

総合制高等学校の設置についても，前掲「新学校制度実施準備の案内」では，「学校数の少ない地方においては，総合的な学校が地方の必要性に適合すると思われる」と述べ，これを漸進的な方針により勧奨していた。したがって文部省としては，3原則の画一的実施は指導しなかったと捉えられよう。

(5) 高等学校における男女共学化への動き

既述のように，新制高校は発足に当たり男女共学を柱のひとつとしていたものの，その実施は，県により異なっていた。後述するが，各県初の公立高校初の女性校長は，女子高校の校長として登用されているケースが少なからずみられた。それゆえ，女子高校の存在は，女性高校長の登用と無関係ではないだろう。新制度発足後の男女共学化への動きを追ってみよう。

例外はあるものの，男子校や女子校という別学の学校を残している北関東・東北地域[9]の中から，宮城県，福島県，埼玉県，栃木県，群馬県を取り上げ，新制度発足以降今日までの男女共学化への動きを概観する。

宮城県は，旧制の県立・市立・私立の中学校，高等女学校，実業学校などの諸中等学校の全部が高等学校に改組され，また，町村立の旧実科高等女学校の大半が所在地の旧中等学校と合併された男女共学の高等学校となるなど，現行の学校制度が発足した1948年以降，県立高校の男女共学化が進められ，その数は漸次増加していった（宮城県みやぎの女性史研究会 1999：154-157)。とくに1965年代以降においては，県教育委員会（以下，県教委）は，「職業選択の自由を実質的に確保する観点から，専門学科を有する県立高校において共学化を

進め、また、1973年度以降に新設した16校は、全て共学校」としている。しかし2000（平成12）年度の全日制県立高校を男女別学・共学という観点から分類すると、82校（本校78、分校4）のうち男子校が11校、女子校が11校、共学校が60校という構成になり、男女別学制は、22校（3割弱）存在し、全国的にみても男女別学校の割合が高い県のひとつとなっていた。そのようななか、ようやく2010年度からすべて共学に移行したことを、宮城県教委が発表[10]している。

隣県の福島県では1994-2002年度の9年をかけ、別学の公立高校がすべて共学になっている。埼玉県は、2002年に共学化の議論が活発化したものの、2010年度現在、男子校5校、女子校7校の公立の別学校が存続している。

栃木県も、男子校6校、女子校7校の公立の別学を抱える。公立高校に占める「男女別学率」が全国で最も高いといわれる群馬県も、共学化を進め、2002年度から別学校は7校減った。しかしながら、2010年度現在、公立の別学の高校は16校[11]（男子校7校、女子校9校）存在する。このように共学化への移行は、時代の趨勢という側面からだけでは捉えきれない難しさを孕む問題といえる。

(6) 家庭科の誕生と女性教員

1947年の新教育制度発足により、同年5月、文部省が新しい学習指導要領を作成し、女子教育の向上と民主的な家庭建設を目指す教科として小学校と高等学校に「家庭科」が成立することとなった（西之園他 2000：11-29、岩内他編 2010：44）。家庭科の誕生である。それまでの女子教育として位置づいた「家事裁縫」は「家庭科」に改められ、目標と内容、授業時数などが改訂され現在に至っている。中学校においては、戦前の職業の中の1科目、「職業・家庭科」、「技術・家庭科」と変遷し、新学習指導要領では、「技術・家庭科」の家庭分野として位置づけられている。

歴史的にみると、明治以降「家事科」や「裁縫科」を通して行われてきた家事・裁縫教育は家族国家観に基づく良妻賢母の育成を目指す女子教育の一環として位置づけられてきた。その意味で、戦後1947年に民主的な家庭の建設という役割を担う教科として男女共修の家庭科が誕生することになったことは画

期的な出来事であった。その後，女子のみ必修を経て，家庭科の男女共修が1989年の新学習指導要領に盛り込まれ，1993年からの実施へとつながっていった。中学校については，すべての生徒に履修させるべき内容と選択して履修させる内容を区別して明示し，高校については，男女とも必修となり，「家庭一般」「生活技術」「生活一般」から1科目4単位必修となった。8回目となる今回（2008年）の学習指導要領改訂により「家庭基礎」「家庭総合」および「生活デザイン」のうちから1科目をすべての生徒が履修するという方法が取られている（佐藤他 2010：34）。

それでは，女性教員と担当教科としての家庭科との関係はどうだろうか。

たとえば，高校の形が整いつつある1956年度の山形県立高校（全日制）の教科別の教員構成を表2-2で見ておこう（山形県・山形県女性の歩み編集委員会編 1995：316）。全教員数978人のうち，女性教員は110人と1割強を占めるにとどまっている。さらに科目別では，女性教員が担当している教科は，極めて限定されている。女性比率の高い科目は，まず家庭科の100％，次いで体育の22.9％，芸術科目の14.3％となっている。文系・理系の各教科における女性教員の比率は極めて小さく，それぞれ3.1％，0.8％となっている。

男女共修実施となっている現在の状況はどうだろうか。3年ごとに報告されている文部科学省『学校教員統計調査報告書』（2007年度版）の「担任教科別高等学校教員免許状別教員構成」によると，全教員に占める家庭科教員の割合は，3.4％である。これを性別でみると，男性教員0.2％に対して，女性教員

表2-2　1956年度　山形県立高校（全日制）の教科別・性別構成

	校長	文系科目	理系科目	家庭科	芸術科目	体育	合計
男性	34 100％	372 96.9％	362 99.2％	0 0％	36 85.7％	64 77.1％	868人 88.8％
女性	0 0％	12 3.1％	3 0.8％	70 100％	6 14.3％	19 22.9％	110 11.2％
合計	34 100％	384 100％	365 100％	70 100％	42 100％	83 100％	978 100％

資料）山形県・山形県女性の歩み編集委員会『時を紡ぐやまがたの女性たち―山形県の女性の歩み―』みちのく書房，p.316より筆者作成

12.2％であり，女性教員の担当科目の多い順としては，国語（19.0％），外国語（英語）（18.0％）に次いで家庭科（12.2％）となっている。ちなみに，男性家庭科教員ゼロの県は34県中14県であることが，大竹美登利らの調査研究（大竹他 2008：423）により明らかにされている。歴史的に最も性別による偏りがみられる教科とされてきた家庭科だが，「男性不在」（小高 2006：105-129）からわずかな変化が確認できる。

(7) 高等学校の現況―学校数と女性教員率

わが国の幼稚園，小学校，中学校，高等学校，特別支援学校の数はどのように変化したのであろうか。

「学校基本調査」によると，2010年度現在の学校数（国公私立の合計）は，幼稚園が13,392園，小学校が22,000校，中学校が10,815校，高校が5,116校，特別支援学校が1,039校と報告されている。少子化による児童・生徒数の減少等により，これら5校園は前年比でみると，幼稚園で124園減，小学校で258校減，中学校で49校減，高校で67校減と軒並み減少している。ただし，特別支援学校は，9校増である。

次に，学校教育法の施行から3年を経た1950年度から2010年度までの学校

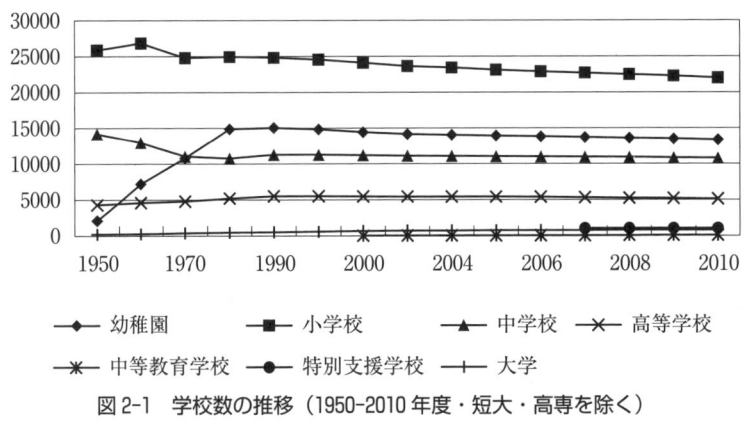

図2-1　学校数の推移（1950-2010年度・短大・高専を除く）
資料）文科省『学校基本調査報告書』各年度版により筆者作成

数の推移を，高等学校を中心に図2-1「学校数の推移」により，時系列で捉えておく。

今から60年前となる1950年度の高等学校数は4,292校であったがその後も増加を続け，1988年のピーク時は1.3倍の5,512校となった。しかし，それ以降22年連続して減少し，現在，高等学校は全日制・定時制合わせて全国に5,116校（本校5,018校，分校98校）となっている。国公私別でみると，5,116校の内，国立の学校数は15校で，前（2009）年度より1校減少している。公立は3,780校で前年度より66校減少している。私立は1,321校で前年度と同数である。ちなみに，ピーク時と比較するならば現在は，396校の減である。

次に高校（全日制・定時制）の教員数（本務教員総数）は，どう変化したのだろうか。2000年度は269,027人であったが，2010年度は238,929人（男性教員168,652人，女性教員70,277人）で，この10年間で30,098人減少している。一方，女性教員の比率でみると，2000年度の25.6％（男性74.4％）から，2010年度現在，女性教員の比率は3.8％上昇し29.4％（男性70.6％）となり，これまでで最も高い割合となった。現時点という限定的ではあるが，男性教員率が減少し，3人に1人が女性教員となっている。

それでは，公立学校の女性教員率はどうだろうか（女性管理職比率の推移については，次節で検討する）。先にみた表2-1「公立小・中・高等学校の女性教員比率・女性管理職比率の推移」で1996年度から2010年度までの15年の変化を見よう。小学校の女性教員率は1996年度の61.6％から2010年度は63.1％と1.5ポイント，中学校も40.1％から42.3％と2.2ポイント，高校は23.7％から30.1％と6.4ポイント上昇している。とくに，高校では，過去最高の女性教員比率となっている。

3　女性校長の登用と拡大過程

ところで，学校教育の場も社会の縮図的側面を多分にもち，学校段階や管理職や校務分掌における教員配置にも性別構成の不均衡が存在し，長い間，学校管理職は男性で占められてきた。女性教員を対象とした研究の成果は蓄積され

ているものの，学校女性管理職を対象とした実証的な研究（池木 2000，女子教育問題研究会編 2009，高野 2006a）は未だ不十分といえる。とりわけ，高校を対象とした管理職研究は緒に就いたばかりである（村松他 2010）。本節では，公立学校に絞って，女性校長比率が最も高い小学校での登用はどのように進められたのか，次に，公立高校における女性校長の先達，すなわち各県第1号の登用過程とキャリアについて5道府県を中心に検討する。

(1) 女性小学校長の登用

公立小学校における女性校長はいつどのように誕生したのであろうか。

戦前には，少なくとも11府県14人（津布楽 1984：134，高野 2006a：41-80）の女性校長が存在していることが明らかになっている。1872（明治5）年の学制頒布後に限定するならば，その嚆矢は山口県の毛利勅子とされる（山口県教育会編 1986：294）。

本格的な女性校長登用は，戦後まもなく，婦人解放や教育刷新等一連の民主化政策の一環として進められたことに始まる。

それを受けた教育行政機関の主導によって女性校長登用は実現を見たのであるが，その先駆者たちは識見に優れた教育者であった（高野 2006b：96）。

「学校基本調査」各年度版により，女性公立小学校長数と比率の推移を追ってみると，戦後まもなく各県に2人前後の女性公立小学校長が配置され，1947年度には女性校長は38人であったが，1949年度には男性20,566人に対して女性校長は108人，女性の比率は0.5％となった。戦後各県初の女性校長は，1952年度までに，北海道・鳥取県・佐賀県・鹿児島県・長野県を除く41都府県（沖縄を含まず）で誕生している（高野 2002：89-99）。順調に推移するかにみえた全国の女性校長の登用は，1952年度117人をピークに減少に転じ，1962年度には81人となり，「女性校長冬の時代」を迎えることになる。その後の減少と漸増期を経て，直近の2010年度には，前年度より学校数が261校減少する中にあって，男性校長は275人少ない17,231人にとどまるものの，女性校長は22人増えて3,878人，その比率はこれまでで最も高い18.4％に達している。しかし，女性の校長占有率は依然低率であり，すでに6割を超えて

久しい女性教員比率とのアンバランスは否めないが，戦後すぐの比率と比べ隔世の感がある。

（2）女性公立高校長の登用—女性公立高校長ゼロ県の推移

公立高校における女性校長はいつどのように誕生したのであろうか。上述のように，女性公立小学校長の本格的な女性校長登用は，戦後まもなく，教育行政機関の主導によって実現をみたのであったが，女性公立高校長の登用も，新制高等学校が発足した1948年度であった。「学校基本調査」にあたってみると，同年，福岡県の女性校長欄に「1」と記されている。全国初の女性公立高校長の誕生である。福岡県に続いて女性公立高校長を登用した県は，1953年の宮城県である。順調に登用されるかと思われたが，3番目に女性を登用した県は北海道であり，宮城県から遅れること16年後のことであった。1969年に同時に3人の女性校長を任用している。先にみた小学校の各県の女性校長第1号は，1948年度から1952年度までの5年間で41都府県において集中的に任用されていたが，公立高校の場合は，全国で3県目となる北海道での登用までに20年を要したことになる。

次に，図2-2「女性公立高校長ゼロ県の推移」で，女性公立高校長がどの県にも1人以上登用されるようになるまでの60年間を追ってみよう。

1948年度の福岡県に始まり，宮城県，北海道と続くが，そのあゆみは遅々として進まなかった。ゼロ県が47都道府県中40県となったのは1982年度で，30県となったのは1997年度であった。その後は，急速にゼロ県が減少し，2000年度には17県に，2003年度には9県となる。この間，わが国では，たとえば，1986年4月に「男女雇用機会均等法」[12]，1999年6月に「男女共同参画社会基本法」[13]等の法整備も進み，両性にとっての雇用や職場等の環境は着実に改善されていった。これらも追い風となり，2009年度には，女性公立高校長ゼロ県はようやく4県に，そして2010年度現在，女性校長が1人もいない県は1県を残すのみとなっている。

このように，全国で初めて女性校長が登用されたのは1948年度であったが，47都道府県すべての公立高校に女性校長が任用されるまでには，62年を経て

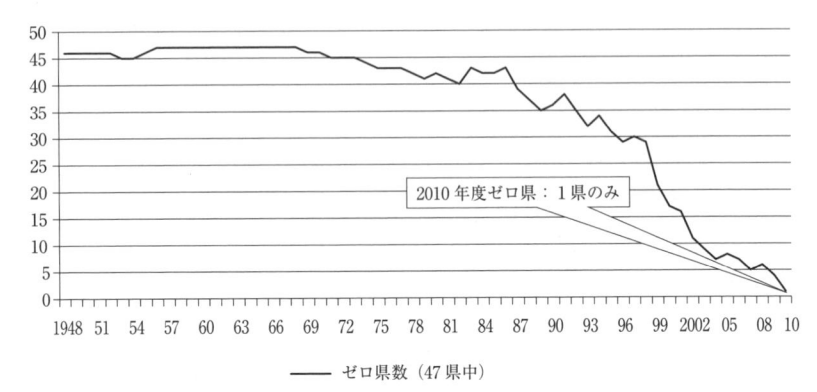

図2-2 女性公立高校長ゼロ県の推移（1948-2010年度）

＊ゼロ県数（47都道府県中）：沖縄県の返還は1972年だが，それ以前についても，便宜上，沖縄県を含む47都道府県でデータを処理した。

出所）文部科学省『学校基本調査報告書』各年度版より筆者作成

も依然として至っていない。2010年度現在，47都道府県で女性校長が一人も登用されていない，「ゼロ県」が1県ある。京都府である。ただし，京都府は，全国で7番目の1978年に女性の公立高校長を登用している。[14]

なお，2009年度に47県中最後の登用県となったのは，鹿児島県であった。それ故，この年度で，継続してとはいえないものの，すべての都道府県において女性校長が登用されたと捉えてよいだろう。

2010年度現在，全日制と定時制をあわせた公立高校長（3662人）に占める女性の割合は4.8％であり，女性校長は174人である。47都道府県に174人の女性校長を登用するまで，62年かかったのである。

（3）5道県初の女性公立高校長の登用

ところで，女性高校長の先達，すなわち女性公立高校長第1号はいつ，どのような経緯で登用されたのだろうか。また，どのようなキャリアをもった校長であったのだろうか。たとえば，プレキャリアとしての教頭職を経ていたのであろうか。教諭時代の担当科目は何であったのだろうか。どのような高校への校長就任であったのだろうか。

最も早かった福岡県，それに続いた宮城県，北海道，岐阜県，愛知県の5道県に絞って，第1号の登用とキャリアについて，「学校基本調査」の都道府県の登用年度に基づき収集した資料により捉えておこう。表2-3「女性公立高校長5道府県の第1号一覧」に，登用年度，学校名，校長名と教諭時代の担当教科名などをまとめている。しかし，教科名については，7人中，2人のそれは，正確にはわからなかったので，不明と記した。

表2-3 女性公立高校長5道県の第1号一覧（1948-1974年）

都道府県	登用年度	学校名	校長名（教科）	文献・出典・県教委等
福岡県	1948（S23）	福岡県立西福岡高校	都築貞枝（家庭科）	①『光をかざす女たち』
宮城県	1953（S28）	宮城県立鼎が浦高校	西村千代子（数学）	②『六十年史』
北海道	1969（S44）	北海道立江部乙高校	川原イト（不明）	『北海道新聞』3.23
		☆北海道洞爺高校	磯江八重子（不明）	
		☆北海道厚賀高校	吉山峯子（家庭科）	
岐阜県	1972（S47）	☆岐阜県立女子高校	青木時子（家庭科）	『中日新聞』3.28
愛知県	1974（S49）	愛知県立内海高校	藤井敏子（家庭科）	『中日新聞』3.29/4.18

注）☆学校名：同校教頭から校長として就任
　　県教委等：2001年に筆者が実施した「女性校長登用状況に関する調査」の各県資料による。調査にご回答いただいた部課名を記載している。

資料）①福岡県女性史編纂委員会『光をかざす女たち―福岡県女性の歩み―』西日本新聞社，1993年，p.504　②宮城県第一女子高等学校編『六十年史』宮城県第一女子高等学校，1961年，p.232

概略を記すと，1948年度から1974年度までに登用された7人の登用年度は，1940年代と1950年代に各1人，1960年代に3人，そして1970年代に2人であった。直前キャリアは，ほぼ教頭あるいは県課長職や指導主事であり，校長登用にふさわしいキャリアを積んだ者が登用されていた。就任高校が共学・別学であったかについては，女子高校長は2人であったが，他の5人も定時制生活科や高等女学校や女子実業学校の流れを汲む学校の校長就任であった。また，教諭時代の教科は，家庭科が4人，数学が1人，担当科目名不明が2人となっており，家庭科が突出していた。

以下では，具体的に5道県7人の登用の経緯などをみる。

1）全国初（福岡県初）の女性公立高校長

　公立高校初の女性校長は誰なのか。「学校基本調査」1948年度版によると，1948年に福岡県で誕生していることが記されている。そこで，文献に当たってみると，同年6月に，都築貞枝が，女子高等女学校の流れを汲む福岡県立西福岡高校長に就任している（福岡女性史編纂委員会 1993：504）。氏は，西福岡高校の前身である県立早良高等女学校の家事・裁縫教諭として15年勤務し，新制高校がスタートした年度の人事異動において，同校校長に登用され，全国初の女性公立高校長が誕生した（成松 1986：128）。教頭職の法制化は1975年であり，氏の場合は，教頭職を経ることなく教諭からの校長への登用であった。ちなみに，この西福岡高等女学校は1948年，福岡県立西福岡高等学校と改称し，男女共学の新制高校としてスタートしている学校である。まさに新制高校がスタートした年度の人事異動において，全国初の女性公立高校長が誕生したのである。氏は，次に異動した福岡県立筑紫中央高等学校長を自らの願いにより退き，大学から保育園までを全国規模で運営する学校法人都築学園の創設者として，長く学園の発展に尽力することになる。

2）宮城県初の女性公立高校長（全国で2番目）

　全国で2人目となる女性公立高校長は，宮城県立鼎が浦高等学校長に登用された西村千代子である。宮城県民生部児童課長からの転出であった。1948年，福岡県に都築貞枝校長が誕生した後，暫く，「学校基本調査」の公立高校の女性校長欄には，福岡県のみの1名が続いたが，1953年には，宮城県初の女性校長が誕生し，全国で2人の女性校長が存在している。西村千代子の赴任校となった宮城県立鼎が浦高等学校は，女子校であり，1951年に校名を「宮城県立鼎が浦高等学校」に変更している。同校の「沿革大要」によると，前身は高等女学校の流れを汲む宮城県気仙沼女子高等学校であった。

　さて，この登用がいかに大きな話題であったかについては，『河北新報』（1952年7月9日付）が，「初の婦人高校長　鼎が浦に元児童課長の西村さん」と写真入りで報道していることより明らかである。氏のキャリアを自著等の資料より追ってみると，東京女子高等師範学校卒業後，教職につくが，結婚により教職

を去っている。しかし，夫亡き後，4人の子どもと共に兵庫県から仙台に移り住み，1897（明治30）年創立という県内最古の歴史をもつ宮城県第一女子高等学校で，再び数学と作法を担当する教員（宮城県第一女子高等学校編 1961：232）として教壇に立つ。1948年5月に，突然県庁に呼ばれ，「児童行政をやってほしい」（西村 1977：42）といわれ，宮城県初代の児童課長，同時に県初の女性課長に就任し，敗戦後の児童問題などに取り組む大役を担うこととなる。そして，4年後，高等学校長としての任に就く。氏は，1955年6月，定年により教職を退いた後も，家庭裁判所の調停委員や宮城県議会議員などもつとめている。

このような多彩なキャリアの持ち主であったことからも，宮城県初の女性高校長への登用は至極順当な人事であったと思われる。実弟は姉千代子を次のように評している。

> 慥かに，姉は男勝りの所謂女傑である。正義観念の人一倍強い姉は自己を持するに極めて厳しく，曲ったことは嫌いで邪に対する批判は峻烈なものがあり，其の点心根を知らぬ人からは恐れられたようである。長い間弓道一筋で鍛えた姉はいかにも武骨一点張りのように見えるが，内実は頼まれればいやとは言えぬ性格で，引き受けたからには徹頭徹尾やらねば気が済まない，反面感激性が強く，涙脆い女性であることは幾多の事例で窺えられるのである。（西村 1977：112）

宮城県は戦前戦後における女性校長登用の先進県といってもよい。まず，小学校については，1925（大正14）年度と1926年度に計2人の女性校長が登用されている。戦後も，1950（昭和25）年度に小学校と中学校に1人ずつ，そして上述のように1953年度に高校に1人の女性校長が登用されたのである。つまり，1953年度には，小・中・高の3つの学校段階で，1人ずつの女性校長が存在していたことになる（宮城県みやぎの女性史研究会 1999：230）。宮城県は，全国的にも稀有な女性校長先進県といえよう。

教育の歴史を遡るならば，仙台には，女性は門前払いとされた旧帝大の中で

最も早く女性に門戸を開いた東北帝国大学があり，1913（大正2）年には黒田チカら3人の入学が許可されている。さらには，黒田は女性理学博士となり，女性の能力と実力を証明するところとなっていった。このような大正から昭和初期の動きを背景として，学校教育法が公布された翌年の福岡県での登用に続き，東北地方で逸早く女性の校長の登用が進められたという見方もできよう。

3）北海道初の女性公立高校長（全国で3番目に早い県）

　北海道教委は，1969年3月末の人事異動で，公立高校で初となる全国で3人目となる女性の校長を3人登用した。『北海道新聞』（3月23日付）は，3人を大きな写真入りで報じ，「後に続く同性のためにも一生懸命やらなくては」という新校長の声とキャリアを紹介した。それによると，第1号となった3氏は，川原イト（44歳，北海道江部乙高校長，同校教頭からの昇進，1949年東京女子高等師範を卒業），磯江八重子（53歳，村立洞爺高校長＝定時制生活科，社会教育主事を経て沼田高校教頭からの昇進），吉山峯子（51歳，町立厚賀高校長＝定時制生活科，同校教頭からの昇進，家庭科）で，いずれも教頭からの昇進であった。川原イトは，「道内には女の先生がたくさんいるが，かならずしも恵まれたポストにはいない。だから，"開拓者"になったつもりでがんばります」とパイオニアとしての使命感に燃えてインタビューに答えている。また，教委は，「校長クラスへの新風を送りこむことと，女子教員の道を開くため，今後も機会があれば女性校長を起用する方針」と述べている。興味深いことに，3校長全員が教頭を経ての登用で，しかもうち2人は教頭から同校校長への昇進であった。この点に，女性初に配慮した道教委の人事方針がうかがえる。北海道は，その後も女性校長の登用をすすめ，1969年以降2010年まで女性の高校長が途絶えることのない県のひとつとなっている。

4）岐阜県初の女性公立高校長（全国で4番目に早い県）

　福岡，宮城，北海道に続き全国で4番目，全国で6人目となる女性の公立校長を登用した県は，岐阜県であった。1972年，県下初の公立高校長として，県立大垣女子高校に青木時子が就任している。同校『学校要覧』（岐阜県立大垣[17]

桜高校編 2010：2）によると，青木校長も，同校教頭からの昇任人事であったことが確認できる。また，キャリアは，1932年9月，東京女子高等師範学校家事科を卒業し，大垣高等女学校を振り出しに家庭科教諭として教職生活に入り，教頭を経て校長に補せられ，10年の校長生活を送り，大任を終えて1983年3月末に退職している。[18]

5）愛知県初の女性公立高校長（全国で5番目に早い県）

全国で5番目，全国で7人目となる女性の公立校長を登用した県は，愛知県であった。1974年，県下初の公立高校長として，愛知県立内海高校に藤井敏子（家庭科）が就任している。『中日新聞』[19]によると，藤井校長は，宮城女子専門学校で家政学を学び，1943年，高等女学校の教壇を振り出しに教職生活に入り，県教委で8年間家庭科と看護学科の指導主事を務めた後の校長就任であった。同紙には，「おふくろ校長」の弁として，インタビュー記事も掲載している。氏は，「今の世の中，男女の優劣ということよりも，正直いって，男性のほうがうまくやっていける仕組みが多いのですから」と，また，「女性がつまずきやすいという不安はあります。でも，自分のペースで，あくまでも教育の一線を崩さないように」と，男社会に新風を送る役割としての抱負を述べている。

4 まとめ

本章では，わが国の女性教員のあゆみの歴史的変化を，主として，公立高校の女性校長はいつどのように誕生し，漸増を遂げてきたかについて，統計および歴史的資料に基づき検討した。

教職は，戦前においては師範学校などの中等教育以上の教育機関を，戦後は高等教育機関を通過した女性が参入できる職業のひとつとして明治以来の長い歴史をもっている。とくに，初等教育段階では女性教員が6割を超えて久しい。直近の2010年度の公立小学校の女性教員率は63.1％，中学校も42.3％，高校も30.1％に上昇し，過去最高となっている。しかし，学校段階や管理職や校務

分掌における教員配置には性別構成の不均衡が存在し，とりわけ，学校管理職は長い間男性で占められてきた。

　公立小学校長の本格的な女性登用は，戦後まもなく，婦人解放や教育刷新等を始めとする一連の民主化政策の一環として進められた。教育行政機関の主導によって女性校長は実現をみたのであったが，女性公立高校長の登用も，新制高等学校が発足した1948年であった。全国初の女性公立高校長は，福岡県で誕生した。続いて女性公立高校長を登用した県は，1953年の宮城県である。順調に登用されるかと思われたが，3番目に女性を登用した県は，北海道で，同時に3人の女性校長を任用している。宮城県から遅れること16年後のことである。1948年度の福岡県を最初として，宮城県，北海道，岐阜県，愛知県と続くが，そのあゆみは遅々として進まなかった。1948年度から1974年度までに登用された5道県7人の第1号の登用年度は，1940年代と1950年代に各1人，1960年代に3人，そして1970年代に2人であった。直前キャリアは，ほぼ教頭あるいは県課長職や指導主事であり，県初の女性校長にふさわしいキャリアを積んだ者が登用されていた。教諭時代の担当教科は，家庭科が突出していた。なお，女子高校長への就任は2人であったが，他の5人も定時制生活科あるいは高等女学校等の流れを汲む高校への就任であり，初の女性登用に配慮した人事方針がうかがえる。

　その後，女性校長が1人も登用されていない「ゼロ県」が47都道府県中40県となったのは1982年度で，30県となったのは1997年度であった。その後は，急速にゼロ県が減少し，2000年度には17県に，2003年度には9県となっている。この間，「男女共同参画社会基本法」をはじめとする法整備も進み，2009年度には4県，そして，2010年度は，女性校長が1人も任用されていない県は1県を残すのみとなっている。

　2010年度現在，公立高校長（3662人）に占める女性の割合は4.8％であり，その数は174人である。174人の女性校長任用まで，62年という長い年月がかかっている。女性校長率は5％に満たないパイオニア段階ではあるが，初期の7人の各県第1号にみるように，チャンスが訪れた時には怯まず果敢に挑戦する仕事姿勢が女性教員には求められる。そのためにも，単線型キャリア志向か

ら教職ステージに応じて学校全体に目を向ける仕事姿勢が期待されよう。併せて，学校全体に目を向ける仕事姿勢が身に付く機会が経験できる制度設計や育成も必要であろう。女性教員が教員としてのキャリア形成に目を向けたとき，日本の学校教育はさらなる発展が期待できよう。

注
1) 新福祐子（1984）によると，女子師範学校設立数は明治11（1878）年，12（1879）年の12校が最多で次第に減少している。
2) 青木裕（1993：16）によると，群馬県では明治18（1885）年には女性教員は54人に達したが，男子教員2327人の2.3％に過ぎなかった。
3) 新福祐子（1984：27）によると，明治15（1882）年度の小学校教員（訓導，準訓導，授業生）に占める女教員率は3.5％（2976人），明治20（1887）年度の女教員率は4.0％（2281人）であった。
4) 『日本帝国文部省第五十三年報』（大正14（1925）年4月～大正15（1926）年3月，pp.70-71）によると，尋常小学校本科正女子教員は32.7％，高等小学校のそれは7.6％である。
5) 森川進（1980：28）によれば，兵庫県では昭和15（1940）年の女性教師比率は37％となり，昭和10年の27％を10％も上回っている。
6) この進学率は，高等学校の通信課程（本科）への進学者を除く割合である。文科省『学校基本調査報告書』（平成15年度版「年次統計進学率」p.510）による。
7) 高等学校等進学率とは，高等学校の通信制課程（本科）への進学者を含んでいる。2010年度『学校基本調査報告書』表23による。
8) 「新学校制度実施準備の案内」新学校制度実施準備に関する件 1947年2月17日附発学第63号文部省学校教育局長通知。
9) 北関東とは，栃木県，茨城県，群馬県の3県を指すのが一般的であるようだが，1都6県に入る埼玉県も，2011年6月現在，139校ある県立高校のうち，女子高校は7校，男子高校は5校あり，1割弱の別学校を残している。（埼玉県平成22年度学校基本調査を参照した。）
10) 宮城県教育委員会「県立高校後期の再編について」（2004年3月）によると，「本県における男女別学校の多くは，戦前別学であった旧制中学校や高等女学校が，戦後共学化されずに新制高校に移行したものです。現行の学校制度が発足した昭和23年以降に開校した高校については，一校を除き，設立当初から男女共学として発足したか，あるいは後に男女共学としています。さらに，専門学科については，これまでも順次男女共学化を進めてきており，平成11年度までには，共

学校に設置されながら男子又は女子に募集を限定していたものを，すべて男女募集としています。」と書かれている。(http://www.pref.miyagi.jp/koukyou/kaikaku2/kouki/keikaku/seian/hyousi.htm：2011.2.13 接続)

11)『読売新聞』2010 年 6 月 6 日付によると，群馬県教委（高校教育課）は，「今後も共学を理念として掲げつつ，具体的な期限は設定せずに学校関係者や地域の理解を得ながら進めていく」としている。

12)「男女雇用機会均等法」は 1985 年 6 月 1 日に公布（1986 年 4 月 1 日施行となり，1999 年 4 月には「改正男女雇用機会均等法」が公布されている）。

13)「男女共同参画社会基本法」は，2001 年 1 月より施行され，冒頭，「男女共同参画社会の実現を 21 世紀の我が国社会を決定する最重要課題と位置付け，社会のあらゆる分野において，男女共同参画社会の形成の促進に関する施策の推進を図っていくことが重要」と述べている。

14)『京都新聞』(1978 年 4 月 1 日) によると，初の女性校長として臼井昭代が登用されている。

15) 昭和 28 年度『学校基本調査報告書』の女性校長欄には宮城県 1 名と記載されているが，実際には，昭和 27 (1952) 年 7 月 8 日に宮城県立鼎が浦高等学校長として赴任している。年度途中の転出のため，昭和 27 年度には，福岡県の都築 1 名のみの記載となっている。西村千代子の著書（『射教に生きる』p.42）にも，「昭和 27 年 7 月 8 日，宮城県立鼎が浦高等学校長となり，気仙沼へ転出しました。」とある。女子校の同校と男子校の気仙沼高校が統合され，2005 年度より，共学校の宮城県気仙沼高等学校となっている。西村は，女子校の流れを汲む宮城第一女子高校（1897 年創立）への勤務もあった。同校は，県内最古の歴史をもつ県立の女子高校であったが，現在は，2008 年に宮城県宮城第一高校へと名称が変更され男女共学校となっている。

16) 宮城県立気仙沼高等学校のホームページ上の「学校案内」による。http://kesennuma-h.myswan.ne.jp/2/2.html（2011.3.29 接続）

17)『中日新聞』1972 年 3 月 28 日付の記事「岐阜に女性高校長」の見出しで，青木時子校長は，昭和 17 年 9 月，東京女子高等師範学校家事科を卒業とある。

18)『中日新聞』1983 年 3 月 29 日付の記事「大任終えてホッ　県下初の女性高校長青木さんが退職」とある。

19)『中日新聞』1974 年 3 月 29 日夕刊「愛知県の教職員異動」7 面に，藤井は写真入りで紹介されている。／4 月 18 日 14 面にも，「県下初のおふくろ校長」と題したインタビュー記事が掲載されている。4 月 18 日 5 面にも「おふくろ校長の弁」が載っている。

引用・参考文献

青木裕（1993）『群馬の女教師百年』群馬県教育史研究懇談会
池木清（2000）『男女共同参画社会と教育』北樹出版
入江宏（1969）「女教師観の史的変遷」『教職研修』教育開発研究所
岩内亮一 他編集（2010）『教育学用語辞典』学文社
碓井岑夫（1974）「戦争の中の女性教師」中内敏夫・川合章編『日本の教師4 女教師の生き方』明治図書
宇都宮大学教育学部史編纂委員会（1989）『宇都宮大学教育学部百十五年史』
大竹美登利 他（2008）「都道府県の教育ジェンダー格差指数の算出の試み：家庭科男性教員比率との関わりで」『東京学芸大学紀要』総合教育科学系, Vol.59
岐阜県立大垣桜高等学校編（2010）『学校要覧』
小高さほみ（2006）「男性が家庭科教員になることに伴うアイデンティティの変容—ジェンダーバリアの顕在化に着目して—」『ジェンダー研究』第9号, お茶の水女子大学ジェンダー研究センター
唐澤富太郎（1989）『唐澤富太郎著作集　第5巻　教師の歴史, 典型的教師群像』ぎょうせい
佐藤文子・川上正子（2010）『家庭科教育法改訂版』高陵社書店
女子教育問題研究会（2009）『女性校長のキャリア形成—公立小・中学校校長554人の声を聞く』尚学社
新福祐子（1984）『女子師範学校の全容』家政教育社
高野良子（2002）「戦後女性公立小学校長第一号の登用と役割受容—40都府県68人の分析をとおして—」『国立女性教育会館研究紀要』第5号
――（2006a）『女性校長の登用とキャリアに関する研究』風間書房
――（2006b）「女性校長の誕生—創生期を支えた人々—」『週刊教育資料』教育公論社, No.922
津布楽喜代治（1984）『栃木の女教師』やしお文庫
成松正隆（1986）『和して流れず　都築貞枝聞書』西日本新聞社
西之園君江 他（2000）「戦後における小中高等学校の家庭科教育の変遷（第1報）」『鹿児島純真女子短期大学紀要』第30号
西村千代子（1977）『躾教に生きる』
深谷昌志・深谷和子（1971）『女教師問題の研究』黎明書房
福岡県女性史編纂委員会（1993）『光をかざす女たち—福岡県女性の歩み—』西日本新聞社
宮城県みやぎの女性史研究会（1999）『みやぎの女性史』河北新報社
宮城県第一女子高等学校編（1961）『六十年史』宮城県第一女子高等学校

宮地茂編（1970）『女教師のための学校経営入門』第一法規
村松泰子 他（2010）「公立高校の女性管理職に関する研究―管理職の現状分析―」『国際ジェンダー学会誌』第8号
森川進（1980）『女教師の歴史』明教組教育研究所
文部省（1981）「第2編　戦後の教育改革と新教育制度の発展」『学制百年史』帝国地方行政学会
文部省学校教育局編（1948）『新制高等学校実施の手引』
文部省（1981）「第2編　戦後の教育改革と新教育制度の発展」『学制百年史』帝国地方行政学会
山形県・山形県女性の歩み編集委員会編（1995）『時を紡ぐやまがたの女性たち―山形県の女性のあゆみ―』みちのく書房
山口県教育会編（1986）『山口県教育史』

第3章
都道府県別にみた女性校長の現状と背景

　本章では，公立高校の女性校長の現状について，都道府県別に捉えていく。具体的には，統計的な把握を行うとともに，それらに影響を与えられると考えられる各都道府県の女性教員の管理職への登用についての取組み状況をみる。

　都道府県別の分析に入る前に，文部科学省の「平成22年度学校基本調査」によって，全国的な状況を改めてみておこう。同調査によると，全国の公立高校（全日制および定時制）の校長は3,662名である。そのうち，女性校長は174名なので，女性校長比率の全国平均は4.8％となる。また，副校長および教頭は5,738名で，女性は403名である。その比率は7.0％で，校長より若干高い。校長と副校長・教頭を合わせた管理職のうち，女性は577名であり，女性管理職比率は6.1％となっている。

　一方，校長・副校長・教頭・主幹教諭・指導教諭・教諭・助教諭・講師のすべてを合わせると，公立高校の女性教員は54,060名で，全教員に対する比率は30.1％となる。女性教員比率が3割程度であることを踏まえれば，女性校長および女性管理職の比率は，前章までにもみてきたようにかなり低いといえる。

　このように，全国平均でみると，高校における女性管理職が少ないことは明白である。以下では，その実態に都道府県による差異がみられるかどうか，検討していく。

1 都道府県別にみた女性校長の実態

(1) 女性校長比率の都道府県別実態

　まず，都道府県別の女性校長比率および女性教員比率を捉えておこう。表3-1からわかるように，女性校長比率は0～20％，女性教員比率は20～45％と幅がある。都道府県ごとの差が大きいといえる。

　女性校長比率について，具体的にみると，最も高いのは福井県で20.0％，最も低いのは京都府で0.0％である（ただし京都府は，最も早く女性校長が誕生した都道府県のうちのひとつである）。便宜的に全国平均の4.8％の倍以上の9.6％以上の県を上位県，半分の2.4％未満を下位県としてみると，女性校長比率上位県には，福井県，愛媛県，三重県，神奈川県の4県が入る。ただし，上位県といっても1位の福井県と2位の愛媛県（10.2％）との間の数値の開きは大きい。一方の下位県は，石川県，広島県，北海道，熊本県，長野県，京都府の6県が該当し，京都府が0％，熊本県と長野県が1％台となっている。

　次に，女性校長比率と女性教員比率の順位をみておきたい。同じ表3-1をみると，女性教員比率の上位県と女性校長比率の上位県が同じようには並んでいないことに気づく。女性校長比率の上位10県のうち女性教員比率も上位10県に入っているのは，三重県（女性校長比率3位・女性教員比率10位）だけである。また，女性校長比率1位の福井県の女性教員比率は37位，女性校長比率4位の神奈川県は女性教員比率が41位といった状況である。他方，女性教員比率が45.4％と最も高い徳島県の女性校長比率は，15位（5.6％）である。次いで女性教員比率が高い沖縄県の女性校長比率は21位，女性教員比率第3位の高知県の女性校長比率は37位となっている。現時点では，女性教員の多い県が女性校長の多い県にはなっているわけではない。

　もう少し細かくみたものが，図3-1である。女性校長比率を全国平均の4.8％から2％ずつ区切って5段階とし，地図上に示した。2.8％未満は11道府県，2.8％以上4.8％未満は13県，4.8％以上6.8％未満は15都府県，6.8％以上8.8％未満は4県，8.8％以上は4県であった。

　これを見てみると，先述したような都道府県別の差異に，地域別のはっきり

表3-1　都道府県別にみた公立高校の女性校長・女性教員の実態（2010年度）

順位	全国平均	女性校長比率 4.8（％）	人	高校数	順位	全国平均	女性教員比率 30.1（％）
1	福　井	20.0	6	32	1	徳　島	45.3
2	愛　媛	10.2	5	56	2	沖　縄	44.8
3	三　重	10.0	6	63	3	高　知	40.4
4	神奈川	9.6	15	159	4	富　山	37.8
5	奈　良	8.6	3	37	5	香　川	36.9
6	静　岡	7.1	7	101	6	大　阪	33.9
7	山　口	7.0	4	63	7	和歌山	33.8
8	新　潟	6.8	6	92	8	山　梨	33.3
9	富　山	6.5	3	51	9	東　京	33.1
10	岡　山	6.3	4	67	10	三　重	32.7
10	香　川	6.3	2	32	11	福　島	32.4
12	大　阪	6.0	11	169	12	佐　賀	32.3
12	山　形	6.0	3	53	13	秋　田	32.2
14	福　島	5.9	5	94	14	広　島	32.1
15	東　京	5.6	10	192	15	福　岡	32.0
15	和歌山	5.6	2	42	16	新　潟	31.9
15	徳　島	5.6	2	38	17	栃　木	31.5
15	佐　賀	5.6	2	36	18	石　川	31.4
19	秋　田	5.4	3	58	19	岐　阜	31.3
20	兵　庫	5.2	8	165	20	山　形	31.2
21	長　崎	5.0	3	61	20	愛　媛	31.2
21	沖　縄	5.0	3	60	22	熊　本	31.1
23	愛　知	4.8	8	165	23	青　森	30.7
24	岩　手	4.6	3	69	24	岡　山	30.5
25	千　葉	4.4	6	135	25	茨　城	30.4
26	大　分	4.3	2	51	26	愛　知	30.3
27	滋　賀	4.2	2	49	27	奈　良	30.1
27	鳥　取	4.2	1	24	28	宮　崎	29.9
29	茨　城	3.9	4	108	29	鹿児島	29.7
30	宮　城	3.8	3	83	30	長　崎	29.5
31	青　森	3.4	2	69	31	滋　賀	29.4
32	埼　玉	3.3	5	152	32	京　都	29.3
33	栃　木	3.2	2	65	32	山　口	29.3
34	岐　阜	3.0	2	66	34	兵　庫	29.2
35	群　馬	2.9	2	69	35	大　分	29.1
35	山　梨	2.9	1	35	36	鳥　取	29.0
37	島　根	2.7	1	40	37	福　井	28.8
37	高　知	2.7	1	39	38	埼　玉	28.7
37	鹿児島	2.7	2	74	39	島　根	28.5
37	福　岡	2.7	3	106	40	岩　手	28.2
41	宮　崎	2.4	1	42	41	神奈川	27.4
42	石　川	2.1	1	49	42	静　岡	27.3
42	広　島	2.1	2	95	43	群　馬	26.5
44	北海道	2.0	5	256	44	千　葉	26.0
45	熊　本	1.7	1	66	45	宮　城	24.1
46	長　野	1.1	1	89	46	長　野	22.6
47	京　都	0.0	0	63	47	北海道	19.3

資料）文部科学省「学校基本調査」

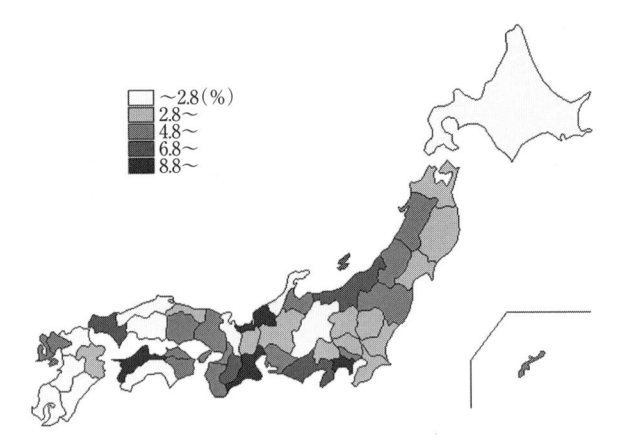

図 3-1　都道府県別　女性校長比率（2010 年度）
資料）学校基本調査

した特徴がみられるわけではないことがうかがわれる。最も低い表示である白色の県は北海道を除くと長野県以西に集中し，東海道山陽新幹線沿線およびその周辺では高い傾向があるように見受けられるが，福井県と石川県のように上位県と下位県が隣接しているところもある。

　以上みてきたように，女性校長の現状を統計的に捉えると，都道府県によってその比率に大きな差があることが明らかになった。しかし，女性校長比率が高い都道府県の女性教員比率が高いとは限らないことも明らかになった。通常，女性教員の比率が高ければ，それに連動して女性校長率も高くなると考えられるが，そうはなっていないのである。この2つの比率の関連性が高くない背景として，2点ほど考えられる。1点目は，育成と登用のタイムラグやギャップに関することである。女性の教員比率が高いが校長比率が低い都道府県の中には，女性教員も管理職として育成していくという取組みが始まったばかりで，まだ数値として現われていない場合があるかもしれない。逆に，女性の教員比率はそれほど高くないのに校長比率が高い場合は，積極的な登用が行われた可能性がある。2点目としては，女性校長の登用をめぐって，その輩出母体の女性教員数以外に何らかの要因が働いていることが考えられる（第5章で検討）。

（2）女性校長比率の経年変化

　ところで，上述した都道府県別の女性校長比率は年ごとに変化してきた。ここではその変化について詳しくみておきたい。図3-2に1986年度以降25年間の女性校長の人数を示した。これを見ると，右肩上がりに増加してきたことがわかる。

　1986年度には，全国の女性校長は9名しかいなかった。具体的には，北海道2名，埼玉県2名，神奈川県1名，愛知県4名で，他の43都府県では皆無であった。その後の変化を捉えるために，図3-3には，女性校長が存在する県を塗った地図を示した。これをみると，1986年度の6年後の1992年度には倍の18名に増加し，上記4県の他に岩手県，福島県，東京都，岐阜県，京都府，大阪府，兵庫県，和歌山県と広がりがみられるようになる。さらに1995年度からは大幅に増加し，2002年度には100人を超えた。第2章でみたように，このころから，多くの県で女性校長が一人はいるようになってきた。その後，2003年度から5年ほどはいったん伸びが緩やかになったが，2008年度から再び増加傾向になり，2010年度には174人に達して女性校長が存在しない県は

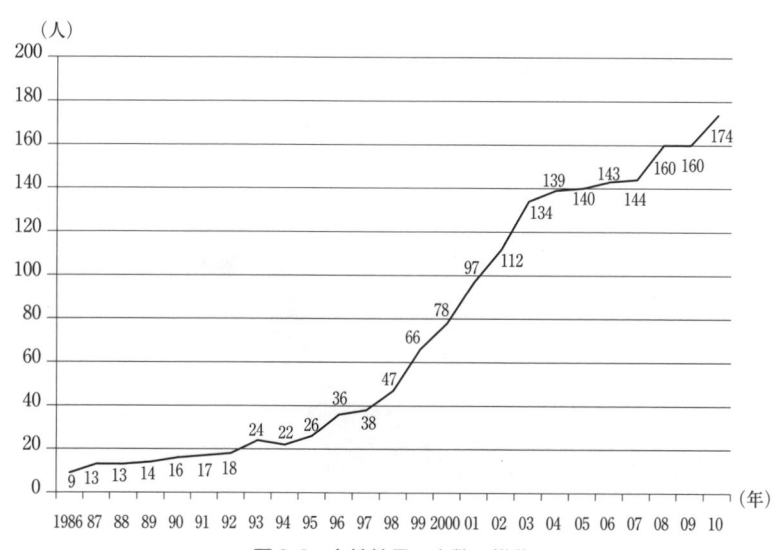

図3-2　女性校長　人数の推移

資料）学校基本調査

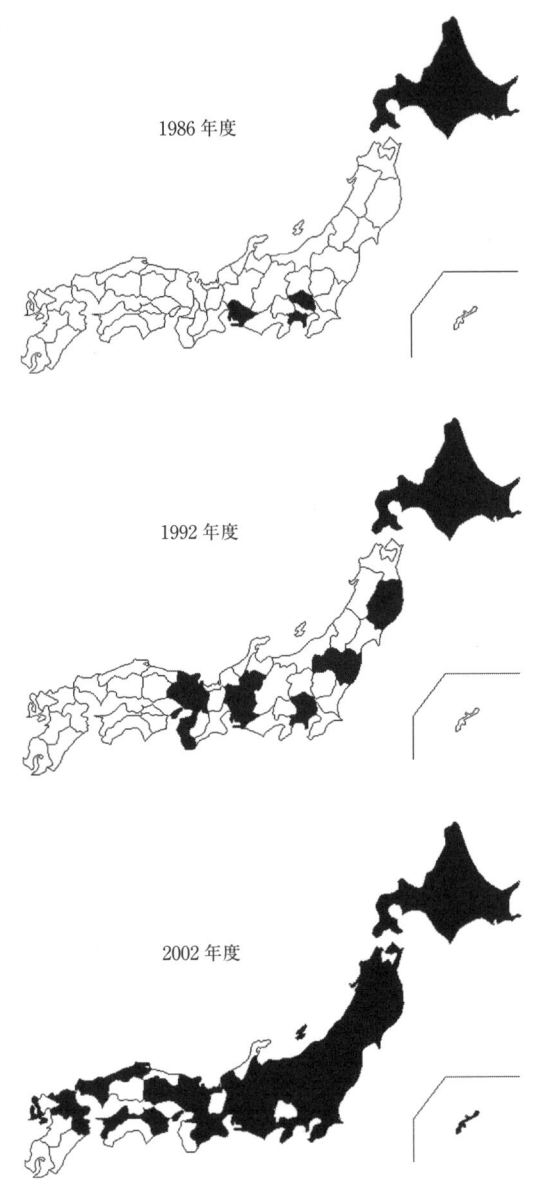

図 3-3　女性校長が存在する県の推移
資料）学校基本調査

表3-2 都道府県別にみた女性校長比率の経年変化（2008～2010年度）

2008（平成20）年度			2009（平成21）年度			2010（平成22）年度		
順位	全国平均	4.3(%)	順位	全国平均	4.3(%)	順位	全国平均	4.8(%)
1	奈　　良	10.8	1	福　　井	13.3	1	福　　井	20.0
2	福　　井	10.0	2	奈　　良	11.4	2	愛　　媛	10.2
3	神奈川	8.7	3	神奈川	8.9	3	三　　重	10.0
4	三　　重	8.3	4	三　　重	8.3	4	神奈川	9.6
5	大　　阪	7.4	5	山　　口	8.2	5	奈　　良	8.6
6	静　　岡	6.9	6	愛　　媛	8.2	6	静　　岡	7.1
7	山　　口	6.3	7	徳　　島	8.1	7	山　　口	7.0
8	愛　　媛	6.1	8	静　　岡	7.0	8	新　　潟	6.8
9	香　　川	5.9	9	香　　川	6.3	9	富　　山	6.5
10	福　　島	5.7	10	山　　形	6.0	10	岡　　山	6.3
10	高　　知	5.4	10	大　　阪	5.9	10	香　　川	6.3
12	東　　京	5.4	12	福　　島	5.8	12	大　　阪	6.0
12	京　　都	5.4	12	兵　　庫	5.8	12	山　　形	6.0
14	徳　　島	5.3	14	秋　　田	5.4	14	福　　島	5.9
15	兵　　庫	5.0	15	和歌山	5.3	15	東　　京	5.6
15	和歌山	5.0	15	長　　崎	5.0	15	和歌山	5.6
15	長　　崎	5.0	15	東　　京	5.0	15	徳　　島	5.6
15	沖　　縄	5.0	15	青　　森	4.9	15	佐　　賀	5.6
19	愛　　知	4.8	19	栃　　木	4.7	19	秋　　田	5.4
20	宮　　城	4.8	20	岡　　山	4.6	20	兵　　庫	5.2
21	栃　　木	4.6	21	埼　　玉	4.5	21	長　　崎	5.0
21	埼　　玉	4.5	21	富　　山	4.3	21	沖　　縄	5.0
23	富　　山	4.3	23	大　　分	4.3	23	愛　　知	4.8
24	大　　分	4.3	24	愛　　知	4.2	24	岩　　手	4.6
25	滋　　賀	4.2	25	滋　　賀	4.2	25	千　　葉	4.4
26	山　　形	4.0	26	鳥　　取	4.2	26	大　　分	4.3
27	茨　　城	3.8	27	茨　　城	3.8	27	滋　　賀	4.2
27	秋　　田	3.6	27	千　　葉	3.7	27	鳥　　取	4.2
29	新　　潟	3.4	29	宮　　城	3.6	29	茨　　城	3.9
30	熊　　本	3.3	30	福　　岡	3.6	30	宮　　城	3.8
31	岡　　山	3.1	31	新　　潟	3.4	31	青　　森	3.4
32	北海道	3.0	32	沖　　縄	3.3	32	埼　　玉	3.3
33	千　　葉	3.0	33	岩　　手	3.0	33	栃　　木	3.2
34	島　　根	2.8	34	島　　根	2.9	34	岐　　阜	3.0
35	佐　　賀	2.7	35	佐　　賀	2.8	35	群　　馬	2.9
35	宮　　崎	2.4	35	高　　知	2.7	35	山　　梨	2.9
37	長　　野	2.2	37	宮　　崎	2.4	37	島　　根	2.7
37	広　　島	2.1	37	北海道	1.9	37	高　　知	2.7
37	福　　岡	1.7	37	熊　　本	1.7	37	鹿児島	2.7
37	青　　森	1.6	37	岐　　阜	1.5	37	福　　岡	2.7
41	岩　　手	1.4	41	鹿児島	1.3	41	宮　　崎	2.4
42	群　　馬	0.0	42	長　　野	1.1	42	石　　川	2.1
42	石　　川	0.0	42	広　　島	1.0	42	広　　島	2.1
44	山　　梨	0.0	44	群　　馬	0.0	44	北海道	2.0
45	岐　　阜	0.0	45	石　　川	0.0	45	熊　　本	1.7
46	鳥　　取	0.0	46	山　　梨	0.0	46	長　　野	1.1
47	鹿児島	0.0	47	京　　都	0.0	47	京　　都	0.0

資料）学校基本調査

京都府だけとなっている。
　次に，最近3年間の変化をみてみよう。表3-2は，2008年度～2010年度の女性校長比率を都道府県別に示したものである。
　2008年度と2009年度の全国平均は，いずれも4.3％と変わっていないが，2010年度にはわずかに上昇している。奈良県，福井県，神奈川県，三重県の4県は，3年度とも，上位5位に入っている。このように上位層では，順位の入れ替わりがあるものの，顔ぶれは変わっていない。一方，2008年度に5位だった大阪府のように，その後2年間で順位を下げる県や京都府のように12位から一気に最下位に下がる県もある。また，愛媛県のように，2008年度の8位から，6位，2位と順位を上げている県や鹿児島県のように最下位から徐々にあげている県，新潟県のように2008年度および2009年度は3.4％と平均よりも低かったのに，2010年度には6.8％と倍増して8位となったような県もある。
　以上のように，女性校長の人数は増加してきたが，女性校長比率の変化を都道府県別にみると，どの県でも同様に増加してきたのではなく，都道府県によって異なっていることがわかる。ここ3年間の女性校長比率の経年変化をみても，上昇県や下降県があることから，都道府県別に異なる状況があることが推察される。ただ，これまでみてきた女性校長比率は，各都道府県の高校数に影響されることを考慮する必要がある。女性校長の人数が同じ3人でも，奈良県は5位になり福岡県は37位になる。また，女性校長の人数が1人の中で順位が最も高い鳥取県は27位となるが，29位の茨城県（4人）や，32位の埼玉県（5人）のほうが人数としては多い。女性校長が1人増えるだけで率として大きな増加になる県と，10人以上女性校長がいながら率としては上位に来ない都府県があることになる。なお，2010年度の女性校長数を人数順でみると，1位は神奈川県の15人，2位は大阪府の11人，3位は東京都の10人，4位は愛知県と兵庫県の8人と，大都市部に集中している。
　いずれにしても，全国的な動向として女性校長は増えているものの，女性校長比率を都道府県別にみると，その変化は一律ではないことがわかった。都道府県による女性教員の育成や管理職登用に対する姿勢を確認する必要があるだろう。

(3) 小学校および中学校との比較

ここまで、高校の女性校長のみに限定してみてきたが、最後に小学校および中学校との比較をしておきたい。まず、図3-4で、2010年度の女性教員比率、女性校長比率、女性教頭比率、女性管理職比率を校種別にみておこう。

小学校は女性教員比率が60％を超えており、女性校長比率も20％近くに達している。女性教頭比率および女性管理職比率は20％を超えている。それに対し、中学校は女性教員比率が40％を超えているものの女性校長比率・女性教頭比率・女性管理職比率は5～7％台と高校に近い状態にある。

小学校と中学校の女性校長比率および女性教員比率について、さらに都道府県別にみたのが、表3-3である。

小学校では、女性教員比率の上位県と女性校長比率の上位県が似通っている。広島県、沖縄県、富山県などは双方が上位である。下位についても鹿児島県、北海道、熊本県などは、双方ともに下位となっている。つまり小学校では、女性教員比率が高くなれば女性校長比率も高くなる可能性がある。ところが中学校はあまり連動していない。上位県では、富山県や沖縄県のように双方に出てくる県があり、小学校との共通性が高いが、下位県は同じ県が並ぶわけではな

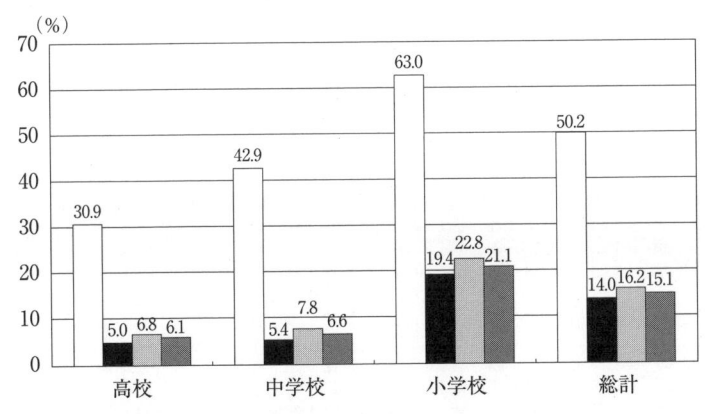

図3-4 校種別にみた女性教員比率・女性校長比率等（2010年度）

資料）学校基本調査

表3-3　小学校および中学校の女性校長比率および女性教員比率（2010年度）

	小学校					中学校			
	女性校長比率			女性教員比率		校長　女性比率			教員　女性比率
順位	全国平均	18.4(%)	順位	全国平均 63.1(%)	順位	全国平均	5.3(%)	順位	全国平均 42.3(%)
1	広　島	35.5	1	高　知　69.8	1	富　山	11.1	1	徳　島　50.4
2	大　分	34.1	2	沖　縄　69.6	2	秋　田	10.5	2	高　知　49.8
3	沖　縄	33.8	3	香　川　68.4	3	沖　縄	10.4	3	沖　縄　48.8
4	秋　田	32.0	4	富　山　68.3	4	神奈川	9.7	4	富　山　48.3
5	栃　木	31.8	5	広　島　68.0	5	大　阪	9.3	5	長　崎　48.2
6	富　山	31.7	6	徳　島　67.8	6	愛　媛	9.0	6	佐　賀　47.6
7	愛　媛	28.8	7	大　阪　66.9	7	青　森	8.7	7	香　川　47.2
8	鳥　取	28.8	8	石　川　66.6	8	佐　賀	8.6	8	大　阪　46.9
9	岩　手	28.3	9	神奈川　66.2	9	徳　島	8.4	9	石　川　45.7
10	岡　山	27.5	10	千　葉　65.5	10	鳥　取	8.3	10	和歌山　44.6
11	香　川	27.0	11	福　島　65.5	11	福　井	7.7	11	青　森　44.6
12	福　井	25.5	12	福　岡　65.4	12	宮　城	7.7	12	岡　山　44.5
13	神奈川	24.1	13	栃　木　65.0	13	岡　山	7.5	13	宮　城　44.2
14	東　京	23.1	14	大　分　65.0	14	兵　庫	7.2	14	福　岡　44.2
15	福　岡	22.2	15	愛　媛　64.7	15	島　根	6.9	15	愛　媛　44.1
16	徳　島	21.8	16	東　京　64.5	16	東　京	6.9	16	栃　木　44.0
17	山　口	21.7	17	山　口　64.5	17	長　崎	6.7	17	三　重　43.9
18	滋　賀	19.5	18	茨　城　64.5	18	広　島	6.7	18	岩　手　43.8
19	高　知	18.8	19	埼　玉　64.2	19	山　口	6.0	19	広　島　43.7
20	静　岡	18.4	20	岐　阜　64.0	20	香　川	5.6	20	宮　崎　43.4
21	群　馬	18.3	21	三　重　63.9	21	茨　城	5.6	21	山　形　43.3
22	佐　賀	18.0	22	兵　庫　63.9	22	三　重	5.6	22	島　根　43.1
23	大　阪	18.0	23	青　森　63.9	23	高　知	5.5	23	山　口　43.0
24	京　都	17.3	24	和歌山　63.6	24	大　分	5.4	24	神奈川　42.8
25	石　川	16.4	25	群　馬　63.5	25	石　川	5.3	25	福　井　42.5
26	新　潟	15.7	26	佐　賀　63.3	26	福　岡	5.0	26	新　潟　42.4
27	茨　城	15.4	27	愛　知　63.3	27	岩　手	5.0	27	東　京　42.3
28	三　重	15.2	28	福　島　63.2	28	栃　木	4.3	28	鹿児島　42.1
29	長　崎	15.1	29	岡　山　63.2	29	新　潟	3.8	29	茨　城　41.9
30	兵　庫	15.0	30	京　都　63.1	30	静　岡	3.8	30	福　島　41.5
31	青　森	15.0	31	滋　賀　62.9	31	愛　知	3.7	31	愛　知　41.2
32	山　形	14.5	32	奈　良　62.1	32	北海道	3.5	32	滋　賀　41.1
33	和歌山	14.0	33	秋　田　61.9	33	福　島	3.4	33	山　梨　41.1
34	宮　城	13.8	34	岩　手　61.7	34	滋　賀	3.2	34	大　分　41.1
35	愛　知	13.7	35	新　潟　61.7	35	岐　阜	3.2	35	熊　本　41.1
36	福　島	13.4	36	島　根　61.1	36	千　葉	3.1	36	秋　田　41.0
37	島　根	13.0	37	山　形　60.6	37	宮　崎	3.0	37	鳥　取　40.8
38	岐　阜	12.9	38	山　梨　60.5	38	群　馬	2.9	38	千　葉　40.8
39	埼　玉	12.7	39	宮　崎　60.1	39	京　都	2.9	39	兵　庫　40.6
40	奈　良	12.6	40	静　岡　59.5	40	奈　良	2.9	40	京　都　40.5
41	千　葉	12.2	41	鳥　取　59.4	41	熊　本	2.8	41	奈　良　40.2
42	長　野	11.7	42	熊　本　58.4	42	長　野	2.2	42	岐　阜　40.0
43	山　梨	11.7	43	宮　城　57.5	43	埼　玉	1.7	43	埼　玉　39.8
44	熊　本	11.3	44	長　野　56.3	44	鹿児島	1.4	44	群　馬　38.3
45	宮　崎	9.8	45	長　崎　55.5	45	山　形	0.9	45	静　岡　36.7
46	北海道	9.7	46	鹿児島　53.4	46	和歌山	0.8	46	北海道　36.3
47	鹿児島	8.9	47	北海道　51.4	47	山　梨	0.0	47	長　野　34.7

資料）学校基本調査

い。この点で，中学校は，小学校より高校と似通った様相を呈している。

　小中学校の人事は，市町村教育員会や管区の教育事務所などが間に入ることがあり，高校のように完全に県にあるわけではない。このことを踏まえると，小学校は女性教員比率と女性校長比率が連動する傾向が見受けられるのに，高校はその傾向がみられないことに関して，狭い範囲で行われる人事異動の方が，教員比率が管理職比率に反映されやすいと推測することができる。本書第2部で詳しくみるが，校長経験者へのインタビューにおいても，高校の教員人事は「義務（教育）とは全然違う」という語りがみられたことから，ほぼ全県一区で行われることで，個々の教員の力量が見えにくくなっていることなども考えられる。高校における人事方針や実際の異動については，今後，さらに掘り下げていきたい。

2　女性管理職登用に関する都道府県の取組み

　すでにみたように，女性校長の比率やその変化には，都道府県別に差異があり，また小中学校とも異なる面があることがわかった。このことから，公立高校の女性管理職の登用に関する取組みが，都道府県によって異なっていることが推測される。そこで，各都道府県教育委員会のホームページにおける記載を調べてみることにした。具体的に見ていくのは，①各都道府県の教育振興基本計画や人材育成プランと，②検索ボックスである。

（1）教育振興基本計画および人材育成プラン等

　2006年改定の教育基本法により，地方自治体も国にならって教育振興基本計画を定めるよう務めることが求められている。義務ではないためまだ策定していない都道府県も多いが，策定している場合はどの都道府県もホームページで公開している。そこで2010年4月現在で教育振興基本計画を策定している28都道府県のすべてを対象として，女性管理職の登用について記載があるか調べた。

　その結果，記載があったのは，長野県のみであった。長野県の教育振興基本

計画は「つらなる　つながる　信州　人づくりビジョン」という名で2008年11月に策定された。その「第4章　今後5年間の施策の展開　1　知・徳・体が調和し、社会的に自立した人間の育成」の(3)の1「教員の資質向上と教育体制の整備」の中に、「学校の諸課題の解決に向け、適切な人材を管理職に登用することに努めるとともに、女性教員の管理職等への積極的登用に努めます。」【義務教育課、高校教育課】と書かれている。担当部署に「高校教育課」とあることから、高校での女性管理職の登用も念頭に置いていることがわかる。先にみたように、長野県の女性校長比率は1.1％と京都府に次いで低いが、この記載が、今後の長野県の女性管理職増加の契機となるかどうか、注視する必要がある。

　教育振興基本計画に記載はなかったが、3県では、人材育成プランなどに記載があった。それらは、福井県、宮崎県、福島県である。以下、順に記載内容をみておこう。

　最も女性校長比率が高い福井県は、2002年策定の「教員の人事管理に関する基本方針」を、同年に策定した「福井県教育振興ビジョン」という教育基本法改定前に独自に県が策定した教育基本計画に付随する資料として末尾に記載している。

　この基本方針の「3　管理職の任用・配置」の「具体的な取り組み」として、「当面の施策」の2つめに、「管理職全体に占める女性の割合が、少なくとも25％となるような女性管理職の登用」という記載がある。福井県が、2010年度に最も女性校長比率が高い県になったのは、この基本方針に数値目標を掲げて取り組んできたところが大きいと思われる。また、実際に「当面の施策」として始めても8年程度の年月がかかる、ということがうかがわれる。

　それを示唆するのが宮崎県の例である。宮崎県は女性校長比率が2.4％と長野県同様に低い。そのことを教育委員会も認識していることがわかる記載が、宮崎県が2007年に策定した「教職員人材育成プラン」の中にみられる。「第3編　基本計画　第4章　人材育成のための異動・管理職任用」において、「なお、管理職に占める女性の割合が低いことが課題となっていますが、主任への任命をはじめとして、学校内の組織運営の段階から男女共同参画の理念に沿った取

組を推進します。(県教育委員会，学校)」と書き込まれている。つまり宮崎県では，実際に女性管理職を登用するよりも前の，主任への任命やそのための育成から取り組み始めることが記載されているのである。

　もう1県記載があった福島県では，1966年より独自に長期総合教育計画を策定している。その中で，2005年に策定された第5次計画の改訂版の基本計画の「第4章　学びの環境づくり　第5節　教職員の意欲を高める人事管理②管理職人事の改善」の中に，「女性の積極的登用　女性教員が学校運営に積極的に参画できるよう，管理職への女性の積極的な登用を図ります。」という記載がある。ホームページ上には現行の第6次計画およびその直近であるこの第5次計画改訂版のみ公開されているため，この記載が第5次計画以前にもあったかどうかはわからない。また2010年度からの第6次計画には，理由は分からないが，この記載はなくなっている。福島県の女性校長比率は，この長期計画が策定される直前の2004年時点には4.5％だったが，2010年には5.9％へと上昇し，全国平均を上回った。県による教職員の育成計画が影響している可能性も考えられる。

　以上の4県について，あらためてまとめておこう。教育振興基本計画に女性管理職登用の記載があったのは女性校長比率が低い方から2番目の長野県だけで，同じように低い宮崎県と逆に最も高い福井県については，人材育成プランに記載がみられた。また40年以上にわたって独自に長期計画をつくってきた福島県は，第5次計画において記載がみられた。人材育成プランはホームページで公開されているとは限らないため，公開されてはいないものの類似するプランが存在している可能性があり，さらに調べていく必要があるが，都道府県教委の女性管理職登用に関する取組み姿勢が，実際の女性校長比率になんらかの影響を及ぼしていることは示唆されたといえよう。最も女性校長比率の高い県については，教員の育成や管理職登用に男女共同参画に関する書き込みがあることの効果として捉えることもできなくはないし，一方の低い方の県では，記載することで今後の変化を生み出す可能性が考えられる。

(2) 計画やプラン以外にみられる取組み

　上述したように，教育振興計画や人事育成プランを策定，公開している都道府県は多くはない。しかし，他の文書に女性管理職登用に関する何らかの書き込みがされていることも考えられる。そこで，検索エンジンを利用して調べてみることにした。

　ほとんどの都道府県教育委員会のトップページには，サイト内検索ボックスが設けられている。検索エンジンはどの都道府県も google である。そこでこの検索ボックスに「女性管理職」と入力して検索してみたところ，ヒットする内容のほとんどは企業等で女性を管理職に登用するための生涯学習の内容だった。そのため「女性校長」を検索語としてみた。その結果，「ヒットしない」という県も多く，教育委員会独自のものはほとんどないことがわかった。ヒットしても表示される項目は，第4章で扱う男女共同参画基本計画にまつわるものが最も多かった。具体的には計画そのものや，計画の進捗状況を報告する県議会や審議会の議事録，あるいはその広報といったものである。しかもその中でとくに県立高校についてふれている県はほとんどなかった。次にヒットした項目は，女性校長会に関するものであった。しかし，これもヒットするのは全国組織となっている小学校中学校女性校長会の事項ばかりで，高校の女性校長会の内容が出てくることはなかった。

　ごくわずかながら教育委員会独自の記載があったのは，愛媛県や沖縄県の教育委員会の議事録などであった。たとえば，沖縄県の2010年4月の議事録には，教育長からの報告として，小学校中学校の女性管理職は他県と比べて多く，高校も2校に女性校長を登用した，という内容が記載されている。

　議事録以外に記載がみられたのは大阪府である。大阪府では「平成23年度府立学校教員人事取扱要領」が掲載されている。これは府立学校と小中学校に分かれており，小中学校では「2　校長及び教頭の人事について」の中に「(2) [3] 女性教員の管理職任用を，積極的に推進する。」とある。さらに，「3 女性教職員の人事について」として「(1)学校における主任等の任命に当たっては，女性教職員の活用を計画的に進める。」という記載がある。それに対して，府立学校のほうは，最後の「5．その他」に，「(2)女性教員が学校運営の中心

的な役割を担えるよう十分考慮する。」と書かれているだけなので，高校は小中学校に比べるとトーンダウンしている感は否めない。

　そこで今度は「人事取扱」で検索したところ，千葉県の教育委員会に，「3　管理職への登用」として「5．女性職員の管理職への登用を積極的に推進する。」という記載があったが，他の県ではみつからなかった。人材育成プラン同様に，すべての県がホームページで公開しているわけではなく，実際には内部文書のような形で記載されている都道府県もあると思われる。

　以上，本章では，公立高校の女性校長の現状と，その背景にあると想定される都道府県の女性教員の育成や管理職登用に関する情報を整理してきた。その結果，女性校長の数は増えているが，女性校長比率には都道府県ごとの差異があり，また，その増減に変化があることから，どこでも一律に増えてきたわけではないことが明らかになった。また，地方自治体の教育振興基本計画等における女性管理職登用に関する書き込みがきちんとなされている都道府県は，ほとんどなかった。書き込みのある都道府県については，これまでの取組みの成果とみなせるかどうか，あるいは今後の女性校長比率上昇につながっていくか，などについてさらなる検討が必要となる。なお，高校の管理職に関する都道府県の取組みは，教員育成方針等のほか，男女共同参画計画への書き込み状況も把握する必要があるが，これについては次章で詳しくみていく。

第4章

都道府県「男女共同参画計画」にみる女性教員のキャリア形成課題

1 はじめに

　本章では，公立高校の女性教員の管理職登用や輩出に関して，教員のキャリア開発に関わる教員研修と管理職の登用等に対する施策面の現状と課題を，都道府県の「男女共同参画計画」をもとに検討することを目的とする。

　1999年6月，「男女共同参画社会基本法」(以下，基本法)が成立し，「男女が，社会の対等な構成員として，自らの意思によって社会のあらゆる分野における活動に参画する機会が確保され，もって男女が均等に政治的，経済的，社会的及び文化的利益を享受することができ，かつ，共に責任を担うべき社会」(基本法第2条)の形成が目指されるようになった。こうした社会の形成に向けて，「積極的改善措置」に触れつつ，「基本理念を定め，並びに国，地方公共団体及び国民の責務を明らかにするとともに，男女共同参画社会の形成の促進に関する施策の基本となる事項を定めることにより，男女共同参画社会の形成を総合的かつ計画的に推進する」(基本法第1条)ことが示された。男女共同参画社会形成の促進に関する基本的施策として，国および地方自治体には「総合的かつ長期的に講ずべき男女共同参画社会の形成の促進に関する施策の大綱」と「男女共同参画社会の形成の促進に関する施策を総合的かつ計画的に推進するために必要な事項」等について「男女共同参画基本計画」を定めることが求められた（第13条，第14条）。

　学校教育における男女共同参画の推進は，基本法に基づき2000年に策定さ

れた「男女共同参画基本計画」（以下，基本計画）を始めとし，2005年に改定された「男女共同参画基本計画（第2次）」（以下，第2次基本計画）においても重点的事項のひとつとなってきた。

　2010年12月閣議決定された「第3次男女共同参画基本計画」（以下，第3次基本計画）では，学校教育機関において，女性の能力発揮がそれぞれの組織の活性化に不可欠という認識の醸成を図り，政策・方針決定過程への女性の参画の拡大を図ることが基本的施策のひとつとなっている。具体的施策として，初等中等教育機関の校長・教頭などにおける女性の登用については，都道府県教育委員会等に対して「2020年30％」の目標の達成に向けた具体的な目標を設定するよう働きかけることが盛り込まれている。

　こうした今日の重点的課題について，女性教員のキャリア形成に関してはどのような観点からの検討が重要なのだろうか。たとえば楊川（2007）は，学校管理職への到達過程において先輩校長との出会いから女性教員が研修の機会を獲得し，管理職選考試験の受験を推薦されて管理職に方向づけられていく事例をもとに，研修の経験が女性教員管理職の登用促進に向けて重要であると指摘する。高野良子（1999）は，女性教員の管理職キャリアの形成過程において，教頭へ到達する前の「主任」という役職に女性教員が挑戦する意欲を高めることの重要性を指摘し，制度上の差別的状況に対する整備についても言及する。つまり，女性教員の管理職到達も含めたキャリア形成に関しては，研修の機会と制度上の整備の両面に対する検討が必要である。

　教育における男女共同参画や男女平等というジェンダー平等に関する課題は，女性の指導的地位への参画促進を含めて，変化する現代社会の重点的課題である。では実際に，こうした教育や教員をめぐる重点的課題については，現在いかなる課題が全国的に挙げられ，どのように扱われているのだろうか。本章では，女性教員の管理職到達も含めたキャリア形成に関わる研修や制度上の整備等について，2010年度現在の都道府県の男女共同参画社会の形成に関する基本的計画（以下，「男女共同参画計画」）[1]に着目する。なお，本章で分析する都道府県「男女共同参画計画」の多くは，2005年改定の第2次基本計画を勘案して定められているものである。そして，とくに教員をめぐる取組みについての

記述に焦点を当てて，次のように検討していく。

第1に，教育・学習における「男女共同参画計画」の基本的な項目および内容を概観し，教職員研修（以下，教員研修）の充実について各県が触れている程度を捉えるなどにより，教員研修をめぐる推進計画内容の特徴と課題を検証する。

第2に，女性教員をめぐる男女共同参画推進に関し，各県が女性教員の管理職登用について明記している状況とその内容に着目した分析を試みる。

これらによって，公立高校の女性管理職，とりわけ公立高校の女性校長の比率（2010年度）の高い県と低い県の状況とを照らし合わせつつ，都道府県において教育・学習における男女共同参画推進がいかに目指されているのか，その現状からみえてくる課題について検討を行いたい。

2　教育・学習における男女共同参画推進と教員研修

(1) ライフステージに応じた教員研修での男女共同参画の実施状況

教員研修に焦点を当てて都道府県の「男女共同参画計画」と教員をめぐる状況を捉えるにあたり，はじめに教員の各ライフステージに応じて求められる資質能力と教員研修の位置づけについて概観しておく。そして，フォーマルな場面で教育におけるジェンダーや男女平等，男女共同参画といった諸課題がどの程度扱われているのかを，文部科学省の既存資料によってみてみよう。

文部科学省は，教員のライフステージの各段階を「初任者」「中堅教員」「管理職」に分けている。教育職員養成審議会「養成と採用・研修との連携の円滑化について」第3次答申（1999年）は次のように説明している。[2]

(1) 初任者の段階

大学の教職課程で取得した基礎的，理論的内容と実践的指導力の基礎等を前提として，採用当初から教科指導，生徒指導等を著しい支障が生じることなく実践できる資質能力が必要であり，さらに，教科指導，生徒指導，学級経営等，教職一般について一通りの職務遂行能力が必要である。（後略）

(2) 中堅教員の段階

　学級担任，教科担任として相当の経験を積んだ時期であるが，とくに，学級・学年運営，教科指導，生徒指導等の在り方に関して広い視野に立った力量の向上が必要である。また，学校において，主任等学校運営上重要な役割を担ったり，若手教員への助言・援助など指導的役割が期待されることから，より一層職務に関する専門知識や幅広い教養を身に付けるとともに，学校運営に積極的に参加していくことができるよう企画立案，事務処理等の資質能力が必要である。（後略）

(3) 管理職の段階

　地域や子どもの状況を踏まえた創意工夫を凝らした教育活動を展開するため，教育に関する理念や識見を有し，地域や学校の状況・課題を的確に把握しながら，学校の目標を提示し，その目標達成に向けて教職員の意欲を引き出すなどのリーダーシップを発揮するとともに，関係機関等との連携・折衝を適切に行い，組織的，機動的な学校運営を行うことのできる資質を備え，また，学校運営全体を視野に入れた総合的な事務処理を推進するマネジメント能力等の資質能力が必要である。

　さらに，教員に求められる以上の資質能力を前提として，このような資質能力を備える教員を確保するため，今後どのように採用の改善を行い，また研修の見直しを行うか等を検討することが課題とされている。

　教員のライフステージに応じた研修は，国レベルのものから都道府県等教育委員会が実施する研修までさまざまであるが，その中でも法定研修として全教員の参加を定めているものが「初任者研修」と「10年経験者研修」である。前者は上記の３段階のうち「初任者の段階」に，後者は「中堅教員の段階」に，その段階に相当するすべての教員を対象に行われる。女性の管理職輩出に関わるキャリア形成との関連でこの教員のライフステージを捉えると，「初任者の段階」と「中堅教員の段階」において，教員が男女共同参画に関わる課題にいかに触れられるかは，それ以降の「管理職の段階」も含めた資質能力の獲得等を鑑みて極めて重要な課題のひとつであろう。

教員研修が教員の資質や専門性の向上の多くを担うのであれば、教員研修がどのような課題を「教育における重点的課題」として位置づけ、認識しているのかが研修項目・内容に色濃く反映されることになるだろう。では、男女共同参画に関係する課題は、とくにすべての教員を対象とする法定研修においてどの程度扱われているのだろうか。ここでは、文部科学省「初任者研修実施状況調査」および「10年経験者研修実施状況調査」をもとに、その状況をみてみよう。

　表4-1は、都道府県、政令指定都市、中核市を対象にした文部科学省「初任者研修実施状況調査」および「10年経験者研修実施状況調査」（平成16年度から19年度）をまとめたもの（木村 2010）に平成20年度と21年度の状況を加えたものである。調査において選択肢として挙がっている研修項目は、平成19年度までは「教育課程の編成」「教科指導」「人権教育」「男女平等・男女共同参画」など29項目、平成20年度からは「消費者教育」などが追加された32項目となっている。この調査では、各県市がこの中からどのような項目を研修内容としてどの程度取り上げているのかを複数回答でたずねている。

　これをみると、初任者研修で「男女平等・男女共同参画」内容を取り上げる県市は、どの学校段階においても、校内研修・校外研修ともに他の項目の取上げ状況と比べて多くはなく、2007（平成19）年度までは29項目中で最低（表中では■を付している）か、もしくは最低ではなくても取上げ状況が下位2～3位である。2008（平成20）年度からは項目が3つ追加され32項目中の状況をみるようになっているが、この年度からどの学校段階においても「男女共同参画」に関する研修の実施が最低ではなくなっている。ただし、これは、新たな項目等の実施が総じてまだ低い状況にあるためである。

　つまり、すべての教員を対象とした法定研修においては、たとえば、「教科指導」「生徒相談・教育相談」などがほぼすべての県市の校内研修・校外研修で扱われている（各年度90～100％）一方で、「男女共同参画」に関する研修を受ける機会が現在それほど十分に設定されてはいない、ということがうかがえる。

　とくに、10年経験者研修は、個々の教員がどのような研修を受講するのか

第4章 都道府県「男女共同参画計画」にみる女性教員のキャリア形成課題

表 4-1 初任者研修及び 10 年経験者研修内容における「男女平等・男女共同参画」の取上げ状況

年次	校種	初任者研修		10年経験者研修
		校内研修での取扱い（％）	校外研修での取扱い（％）	校外研修での取扱い（％）
2004 （平成16） 年度	小学校	32／95県市(33.7)	39／95県市(41.1)	34／94県市中(36.2)
	中学校	32／95県市(33.7)	38／95県市(40.0)	33／95県市中(34.7)
	高等学校	24／57県市(42.1)	27／57県市(47.4)	26／63県市中(41.3)
	特別教育諸学校	24／59県市(40.7)	25／59県市(42.4)	25／58県市中(43.1)
	中等教育学校	―	―	1／4県市中(25.0)
2005 （平成17） 年度	小学校	44／94県市(46.8)	40／94県市(42.6)	33／96県市中(34.4)
	中学校	43／95県市(45.3)	40／95県市(42.1)	33／95県市中(34.7)
	高等学校	30／60県市(50.0)	28／60県市(46.7)	30／68県市中(44.1)
	特別教育諸学校	29／60県市(48.3)	27／60県市(45.0)	25／58県市中(43.1)
	中等教育学校	―	―	3／6県市中(50.0)
2006 （平成18） 年度	小学校	44／97県市(45.4)	36／97県市(37.1)	37／96県市中(38.5)
	中学校	43／98県市(43.9)	35／98県市(35.3)	37／97県市中(38.1)
	高等学校	24／59県市(40.7)	21／59県市(35.6)	25／66県市中(37.9)
	特別教育諸学校	26／59県市(44.1)	19／59県市(32.2)	24／59県市中(40.7)
	中等教育学校	―	―	2／6県市中(33.3)
2007 （平成19） 年度	小学校	47／97県市(48.5)	36／97県市(37.1)	38／99県市中(38.4)
	中学校	50／99県市(50.5)	35／99県市(35.3)	37／97県市中(38.1)
	高等学校	30／58県市(51.7)	22／58県市(35.6)	27／68県市中(39.7)
	特別教育諸学校	28／58県市(48.3)	21／58県市(32.2)	27／56県市中(48.2)
	中等教育学校	1／2県市(50.0)	1／2県市(50.0)	1／7県市中(14.3)
2008 （平成20） 年度	小学校	46／102県市(45.1)	32／102県市(31.4)	34／101県市中(33.7)
	中学校	45／102県市(44.1)	32／102県市(31.4)	33／102県市中(32.4)
	高等学校	29／60県市(48.3)	19／60県市(31.7)	25／63県市中(39.7)
	特別教育諸学校	26／62県市(41.9)	19／62県市(30.6)	24／60県市中(40.0)
	中等教育学校	3／3県市(100.0)	2／3県市(66.7)	2／6県市中(33.3)
2009 （平成21） 年度	小学校	48／106県市(45.3)	32／106県市(30.2)	28／105県市中(26.7)
	中学校	49／106県市(46.2)	32／106県市(30.2)	28／104県市中(26.9)
	高等学校	30／63県市(47.6)	19／63県市(29.7)	19／69県市中(27.5)
	特別教育諸学校	26／63県市(41.3)	19／63県市(29.7)	20／61県市中(32.8)
	中等教育学校	5／6県市(83.3)	3／6県市(50.0)	3／6県市中(50.0)

注）文部科学省「初任者研修実施状況調査」及び「10年経験者研修実施状況調査」（平成16～19年度分）をまとめた木村（2010）の表に平成20～21年度のデータを加えて作表。平成19年度までは，「その他」を含めた29の研修項目，平成20年度以降は32の研修項目の中から複数回答で結果を得る。なお，「男女平等・男女共同参画」という研修項目の記載が，平成20年度から「男女共同参画」となっている。

表中の■は，その年度の研修において「男女平等・男女共同参画」を扱った割合が他の研修項目中最低だったことを示している。

について，教員との面談により所属学校長が研修対象者の「評価票」（案）と「研修計画書」（案）を作成し，教育委員会がこれを決定，研修後にその成果を評価するようになっている。その意味で，「管理職の段階」に向かう重要な本段階で「男女共同参画」に関わる研修がどういう状況においていかに求められ取り上げられているのかということについては，具体的研修内容の実際や展開も含めてさらに検証する必要があると思われる。

こうした課題の教員研修への導入のあり方について，亀田温子ら（1998）は，各自治体の女性行動計画内に男女平等教育の推進が明記されていることと関連していることが多く，教育委員会が独自にこのテーマを推進することは少ないと指摘する。現在，各県市ではこうした教育における課題について，教員研修でどのように扱おうとしているのだろうか。そこで，次項では具体的に，各県市の教員の研修をめぐる男女共同参画の推進課題について，その基底となる都道府県の「男女共同参画計画」でどのように触れられているのかを検討していくことにする。

（2）都道府県「男女共同参画計画」における教員研修をめぐる記述

学校教育や教員をめぐる課題については，都道府県が「男女共同参画計画」の中の「教育・学習における施策の方向」などの項目の中で，それぞれの現状や課題などについて触れている。ここでは，その事項に関する部分に注目して，教員研修に関わる事柄に都道府県がそれぞれどのように触れているのかを検討する。なお，これ以降で該当都道府県の数を述べる場合は，すべて「県」で統一する。

1）教員研修に関する記述の特徴と分類

男女共同参画に関する研修等の取組みについては，2000年策定の基本計画から引き続き，第3次基本計画においても，「学校長を始めとする教職員や教育委員会が男女共同参画の理念を理解し，男女共同参画を推進することができるよう，各教育委員会や大学等が実施する男女共同参画に関する研修等の取組を促進する」ことが示されている。都道府県「男女共同参画計画」での男女共

同参画推進に向けた教員研修に関する記述をみていくと，明確に教員を対象にした研修に関する言及が行われている場合は47都道府県中43県である。明確な記述がないものをみると，「県職員を対象」などのように研修の範囲が個別具体的でない場合などが3県，研修自体の記載が不明な場合が1県である。

　教員研修について何らかのかたちで明確に触れている43県をさらにみていくと，基本的にそれらの都道府県は，「男女共同参画や男女平等社会についての「教員研修の実施」や「教員研修の充実」に努める」という記述で触れている場合がほとんどである。この触れ方は多くの県に共通しており，都道府県の「男女共同参画計画」における教員研修をめぐる言及のひとつの特徴といえる。

　この記述を前提として，県によってはさらに教員研修に関する具体的言及を行っているものもある。つまり，教員研修をめぐる課題や具体的施策内容の触れ方については，以下のように，都道府県ごとに「男女共同参画計画」での書き振りが異なっている。

　「教員研修の実施・充実」についてさらに記述がある場合をいくつかみてみよう。「京都府男女共同参画計画―新KYOのあけぼのプラン後期―」(2006年)では，性別にとらわれない生徒の主体的な進路選択や進路指導の充実，進路選択に際しての多様な情報提供を具体的な施策および内容として掲げている。そのため，研修の実施については，進路指導に関係する者に照準を当てた記述になっている。このように，研修については，対象教員や内容がある程度絞られるような書き振りの県もある。また，「とちぎ男女共同参画プラン二期計画」(2006年)での「男女平等教育を推進するための教材を充実する」という記述のように，研修の目的や研修における工夫について言及するような記述が含まれるものもある。「ふくしま男女共同参画プラン（改訂）」(2006年)は，教員研修に関し，「教職員における男女共同参画に関する研修の受講者数（公立）」の2000年度と2005年度データによって県の教員研修の現状を明らかにしている。「三重県男女共同参画基本計画（改訂版）」(2007年)では，「男女共同参画に関する校内研修を実施した学校の割合（2006年度）」の現状値63.9%を示すだけでなく，目標値として2010年度までに80.0%の達成を目指すことを掲げ，教員研修の実施に対しての数値目標を設定している。

このように，都道府県によって「男女共同参画計画」における教員研修をめぐる課題の記述はさまざまであるが，「教員研修の実施・充実」の個別の書き振りを特徴ごとに分類すると，主に次の5つの枠組みで捉えることができそうである。

「人権尊重・人権教育の推進」「研修体制・体系等への言及（①）」「（①のうち）管理職研修を含めた経験年別研修での取組み」「研修内容・方法等の工夫や明示」「研修推進に向けた現状値・目標値の提示」

これらの5つの枠組みをもとに，都道府県ごとの教員研修に関する記述の状況を該当県の件数で整理すると，表4-2のようになる。

これをみると，「男女共同参画計画」においては，多くの都道府県が「教員研修の実施・充実」に係る詳細な記載をしているわけではないことがわかる。たとえば，最も多い「研修体制・体系等への言及」で13県，研修の推進や拡充に当たっての数値目標の設定など具体的な記述に及ぶ都道府県は，対象者が教員かどうか不明な2事例を含めても8県と少ない。また，セクシュアル・ハラスメント防止策に係る研修を具体的研修内容とする県があるが，その記述によっては男女共同参画に関する取組みが一定領域に限定されているように思われるところもある。

以上，教員研修については，「教員研修の実施・充実」を表す記述が多くの場合に共通して見受けられた。ただ，その記述を具体的に示すかどうかについては別であり，教員研修実施や充実に関する個別の記述がある都道府県はそれほど多くはないことがうかがえた。

表4-2　都道府県「男女共同参画計画」における教員研修に関する記述の状況

	人権尊重・人権教育の推進	研修体制・体系等への言及 ①	①のうち，管理職研修を含めた経験年別研修での取組み	研修内容・方法等の工夫や明示	研修推進に向けた現状値・目標値の提示
記述県数	12	13	8	12[*1]	8[*2]

注）＊1：「セクシュアル・ハラスメント防止策」研修の実施を挙げている場合を含む。
　　＊2：対象者の範囲が教員に限定されていない可能性のある2事例を含む。

2）公立高校女性校長比率別にみる教員研修への言及状況

　ところで，教員研修についてのこうした記述状況は，公立高校の女性校長比率の高低と何か関連があるのだろうか。先にみた教員研修の記述状況を5分類中の該当数で都道府県別にみると，複数の分類に該当する記述があり，記述の種類や数が多くみえる県もある。他方，分類上その記述が特定のカテゴリーに集中して振り分けられるため，記述の数が少なくみえる県もある。そのため，記述の分類の種類が多いほどその県の教員研修の施策が多様で良好であるというような，分類数による単純な捉え方はできず，公立高校の女性校長比率の高低の背景をそこに求めることも難しい。ただし，分類ごとの都道府県の状況を公立高校の女性校長比率の現状に照らし合わせて検討することで，そこに何らかの特質や今日的な課題が見受けられる可能性もある。以下で，それらを概観してみよう。

　表4-3は，都道府県別の教員研修に関する分類ごとの記述状況と2010年度の公立高校における女性校長の比率（以下，女性校長比率）をみたものである。ここで扱う2010年度の女性校長比率については，47都道府県の平均値の上下1.0％の範囲をB，平均値より1.1％以上高い割合にあるグループをA，逆に1.1％以上平均値より下回るグループをCとして，上位グループから順にA，B，Cの3つのグループに分類した。なお，女性校長比率の各グループに該当する県数は，Aが14県，Bが16県，Cが17県である。

　表4-3をみると，教員研修に関して「人権尊重・人権教育の推進」の記述があるのは女性校長比率の高いAが4県，以下Bが3県，Cが5県の計12県である。それぞれの具体的な書き振りについては，1県を除いて，教職員の意識啓発としての人権教育研修の実施についての記載でほぼ共通していた。

　「研修体制・体系等への言及」については，該当13県のうち女性校長比率Aが3県，Bが4県，Cが6県で，女性校長比率の低いCの該当が多い。このうち，「管理職研修を含めた経験年別研修での取組み」にとくに言及している場合は8県であるが，この中の4県が女性校長比率Cの県である。Aの富山県や三重県などが「初任者研修，教職経験者研修等の実施」「経験年数別研修で当該研修講座を開催」「県下全公立学校の管理職および人権担当者などを

表 4-3 都道府県「男女共同参画計画」における教員研修に関する記述状況と高校女性校長比率

	計画策定・改定または開始年度	研修の充実	人権尊重・人権教育の推進	研修体制・体系等への言及（①）	（①のうち）管理職研修を含めた経験年別別の研修での取組み	研修内容・方法等の工夫	研修推進に向けた現状値・目標値の提示（注）	2010年度公立高校女性校長比率
北海道	2008		○	○				C
青　森	2007	○						C
岩　手	2005	○		○				B
宮　城	2003	○						B
秋　田	2006	○						B
山　形	2006							A
福　島	2006	○				○		A
茨　城	2002					○		B
栃　木	2006	○						C
群　馬	2006	○				○		C
埼　玉	2006	○				○		C
千　葉	2006	○		○	○			B
東　京	2007	○						B
神奈川	2008	○	○					A
新　潟	2006	○						A
富　山	2006			○				A
石　川	2007	○				○		A
福　井	2007	○						C
山　梨	2007							C
長　野	2007	○	○	○				C
岐　阜	2009	○		○		○		C
静　岡	2007	○	○					A
愛　知	2006							B
三　重	2007	○		○	○		○	A
滋　賀	2008	○						B
京　都	2006	○						C
大　阪	2006	○				○		A
兵　庫	2006	○				○		B
奈　良	2006	○						A
和歌山	2007	▲						A
鳥　取	2007	○						B
島　根	2006	○				○		A
岡　山	2006	○	○	○	○			A
広　島	2006	▲						C
山　口	2007	○						A
徳　島	2007	○				○		A
香　川	2006	○					○	A
愛　媛	2006	○				○		A
高　知	2005	○						A
福　岡	2006	○		○	○			C
佐　賀	2006	○						B
長　崎	2007	○						B
熊　本	2006	○		○	○			C
大　分	2006	○		○				B
宮　崎	2007	○	○			○		C
鹿児島	2008	○						C
沖　縄	2007	▲					○	B

注）対象者の範囲が教員に限定されていない可能性のある2事例を含む。なお、表中の▲は、教員のみを対象にしたものかどうかが不明であるが、研修について触れている場合を指す。
　　A：5.9％以上、B：3.8～5.8％、C：3.7％以下

対象とした研修の実施」という大枠の記述である一方，女性校長比率の低いCの4県の書き振りは，経験年数別研修の個別の名称の明記，それに加えて研修の充実や機会の活用などに言及するなどの記載が含まれるという共通点がある。たとえば石川県は，基本研修，専門研修，特別研修などのあらゆる研修機会の活用という記述で，学校長をはじめとする教職員の研修の実施に取り組むとしている。岐阜県は，教員の1年目，12年目，新任の校長・教頭・生徒指導主事・進路指導主事などの研修の充実を述べている。福岡県は，研修対象が校長等管理職に絞られているような記載であるが，それ以外にも研修講座や研修会の開催について言及している。熊本県は，県立学校教員に対しては新任教員，6年目および10年目教員，管理職，各校の人権教育担当者に対して研修の実施を明記し，市町村立学校教員に対しても新任教員，6年目および10年目，17年目，管理職を対象にした研修を実施すると明記している。それぞれ，経験年数別の対象者を具体的に示す書き振りになっていることがうかがえる。

「研修内容・方法等についての工夫」に関する記述については，該当する12県の女性校長比率はAが2県，Bが4県，Cが6県である。それぞれの書き振りについては，BとCにセクシュアル・ハラスメント対策が計3県，その他は教材の充実に努める，情報提供に努めるなどの記述で共通していたといってよい。女性校長比率が高いAの愛媛県にも同様の記述があったが，男女共同参画や男女平等教育の実践例の情報提供を掲げ，「教師研修の資料とし波及効果を期待」することを明記し，教材等の情報提供の意図や意義についても説明をしているところが特徴的であった。

教員研修の実施や推進についての「現状値・目標値の提示」については，該当県が女性校長比率Aで3県，Bで1県，Cで4県であり，状況はさまざまである。

以上，都道府県「男女共同参画計画」における教員研修に関する記述の状況を分類によって整理し，それらを高校の女性校長比率の現状も含めつつ特徴をみてきた。その中で，とくに女性校長比率の低いCグループには，次のような傾向がうかがえた。つまり，女性校長比率がCの都道府県の「男女共同参画計画」では，「研修体制・体系への言及」を行っている場合，多くが「管理

職研修を含めた経験年別研修での取組み」について明記するものであり，その書き振りが比較的詳細であるという傾向である．

(3) 教員研修における男女共同参画課題の実施と記述状況の現状

　本節でみてきたことをまとめよう．第1に，「管理職研修を含めた経験年別研修での取組み」に関しては，経験年別研修のうち法令研修である初任者研修と10年経験者研修での「男女共同参画」に関する研修項目が，他の研修項目と比較して実施割合が低いことが明らかになった．第2に，「経験年別研修での取組み」に関して，とくに高校の女性校長比率の低いCの県が「研修体制・体系等への言及」の一類型としてこの経験年別研修について触れている傾向がうかがえた．

　このように，全県市の法定研修では，現在，男女共同参画に関する項目・内容が他の項目・内容と比較して実施されることが多くなく，都道府県の「男女共同参画計画」においても法定研修を含む経験年別研修に言及する県も少ない状況にある．また，「男女共同参画計画」で経験年別研修に触れている場合は，高校の女性校長比率の低い県でとくに研修名称や時期などの詳細を記述する傾向があるようである．

3　女性教員の管理職登用をめぐる「男女共同参画計画」の記述と特徴

　前節では，教員研修についての記述の状況を分類別に検討した．本節では，女性教員のキャリア形成に関し，「男女共同参画計画」の中で女性教員の管理職登用めぐって都道府県がそれらをどのように課題として位置づけているのか，記述の状況に着目した検討を試みる．

　「政策・方針決定過程への女性の参画の拡大」は第2次基本計画における重点事項であり，第3次基本計画ではそれらの達成に向けて取組みの強化や加速が不可欠とされている．この取組みの拡大は，国や都道府県の審議会に占める女性の割合にとどまらず，指導的地位に占める女性の拡大推進として各分野に求められている．都道府県の「男女共同参画計画」においては，教員をめぐる

具体的取組みの施策として、女性教員の採用、管理職への登用等の職域拡大などを掲げてその推進を目指している。以下では、都道府県の「男女共同参画計画」における女性教員の管理職登用に関する具体的な記述とその書き振りを、表4-4 をもとに検討していこう。

政策・方針決定場面への女性の参画は男女共同参画社会の今日的な課題であるため、この点についてはすべての県で何らかの記述が行われている。ただし、都道府県「男女共同参画計画」に女性「教員」の管理職登用について明確な言及がある都道府県は25県であり、女性教員の管理職をめぐる課題の明記は半分程度である。またこの他に、女性教員の「管理職」登用でなく、「女性教員の育成・登用」を推進するというような記述が5県ある。

これらの内訳を女性校長比率のグループでみていくと、女性教員の管理職登用について明確な言及がある25県のうちAは全14県中11県、Bは全16県中5県、Cは全17県中9県が該当する。つまり、女性校長比率の高いAに該当する県のほとんどが女性教員の管理職登用について明らかな言及をしていることになる。「女性教員の育成・登用」と記載する5県については、そのうちの3県が女性校長比率の低いCの県であった。

女性教員の管理職登用に関する記述の書き振りを具体的にみていくと、そこにはやや特徴がみられそうである。まず、記述内容で多かったのが「管理職への登用促進」や「職域拡大」という表現である。多くの県がこの記述にとどまっていたが、具体的な人材養成施策に着目すると、表4-4のような記述がみられた。その書き振りをみると、大きく分けて(1)研修に関すること、(2)計画的な人材養成、(3)管理職選考試験の受験奨励の3つのキーワードが浮かび上がってくるだろう。ただし、(3)に該当するのは1県であるため、多くが(1)と(2)に関する記述である。(1)の研修に関することには、研修の受講について女性教員に配慮することや研修への参加を促すこと、女性教員・その他教員管理職を対象にした研修の有効活用に関すること、現在管理職であるものに対して研修を実施することを表記するものなど、その内容項目や対象とする教員などは多様である。(2)については、多様な職務の経験をつむことを重視するもの、計画的な人材育成を目指すと記載するものなどが見受けられる。

表 4-4 都道府県「男女共同参画計画」における女性教員管理職登用に関する記述状況と高校女性校長比率

都道府県	計画策定・改定または開始年度	女性教員の管理職登用に対する明らかな言及	管理職登用・職域拡大のため具体的な人材養成施策への言及の例	女性教員管理職登用等に関する数値目標の明記	2010年度公立高校女性校長比率
北海道	2008	○	研修の受講について，女性の職員や教員に配慮します。		C
青森	2007				C
岩手	2005	○		○	B
宮城	2003				B
秋田	2006			○	B
山形	2006				A
福島	2006			○	B
茨城	2002				B
栃木	2006	○	各種の研修会を活用して県立学校の女性教職員（中略）の職域の拡大，管理職への登用に努めます。		C
群馬	2006				C
埼玉	2006	○	女性の教員の校長・教頭等への関心を高めるための方策の検討・実施		C
千葉	2006	○	（女性教職員に対し）研修会等への参加を促すなど，管理職候補者としての資質・能力の向上に努め，リーダーシップを発揮できる優れた人材の育成，登用に努めます。	○	B
東京	2007				
神奈川	2008	○			A
新潟	2006	▲			A
富山	2006	○			A
石川	2007				C
福井	2007	○			A
山梨	2007	○			C
長野	2007	○	男女共同参画に関する校内研修等により管理職や教員自身の意識改革を促す（中略）。など。	○	C
岐阜	2009	○			
静岡	2007			○	A
愛知	2006	○	計画的な人材養成に努めます。	○	B
三重	2007	○			
滋賀	2008				B

	計画策定・改定または開始年度	女性教員の管理職登用に対する明らかな言及	管理職登用・職域拡大のため具体的な人材養成施策への言及の例	女性教員管理職登用等に関する数値目標の明記	2010年度公立高校女性校長比率
京　都	2006	▲			C
大　阪	2006	○	目標を定めて計画的に推進します。そのため，女性教員が学校運営を管理する職務等で経験をつめるようにするなど，人材の計画的育成に努めます。	○	A
兵　庫	2006	○	女性の教職員が学校運営について，さまざまな職務を担当し，多様な経験をつむことができるよう，能力開発の機会の充実に努めます。また，選考試験の受験奨励等にも努めます。		B
奈　良	2006	○	管理職に対して女性人材の育成・活用を進めるための研修を実施します。	○	A
和歌山	2007	▲			B
鳥　取	2007				B
島　根	2006				C
岡　山	2006	○			A
広　島	2006				C
山　口	2007	○	計画的に（中略）人材養成に取り組みます。		A
徳　島	2007				B
香　川	2006	○			A
愛　媛	2006	○			A
高　知	2005	▲			C
福　岡	2006	▲			C
佐　賀	2006	○	研修機会や情報提供の充実を図ります。		B
長　崎	2007				B
熊　本	2006	○			C
大　分	2006				B
宮　崎	2007	○			C
鹿児島	2008	○			C
沖　縄	2007				B

注）担当部局が義務教育課，高校教育課など具体的に記載されていても，本文中に「女性教員の管理職への登用」の記載がない場合は除いた。また，女性教員の管理職比率の現状値を明記している県も複数あったが，表中にはそれらを含めていない。なお，表中の▲は，「女性教員」の積極的登用等に言及している場合を指す。

また，それ以外に，女性教員の管理職登用に係る明らかな数値目標を掲げるなど，その推進に向けてより積極的な記述をする県も9県ある。
　以上のように，女性教員の管理職登用については，該当県の中でも高校の女性校長比率が高いAの県のほとんどに言及があることがわかった。該当25県全体の書き振りの中でとくに人材育成に関わる具体的施策の記述に注目した場合，(1)から(3)のような記述や意識改革の対象を明らかにするような事例も確認できた。ただ，現状としてはそうした県自体は多くない。女性教員の管理職登用については，言及の多くが「登用促進・職域拡大」という大枠の記述にとどまっている。

4　教員世界のキャリア形成に対する「男女共同参画計画」の現状と課題

　本章では，都道府県の公立高校の女性校長比率の状況と照らし合わせつつ，各県において教育・学習における男女共同参画推進がいかに目指されているのか，とくに教員をめぐる課題に焦点を当てて，その現状からみえてくる課題について検討を行ってきた。その結果，次のことが明らかになった。
　第1に，全県市の法定研修では，男女共同参画に関する項目・内容を実施する割合が低い現状にあった。都道府県の「男女共同参画計画」においても，これら経験年別研修に明らかに触れている県は多くない。触れている場合，高校の女性校長比率が総じて低めの県が「経験年別研修の実施」についてとくに詳細な記述を行っている傾向にあった。
　第2に，女性教員の管理職登用について，都道府県「男女共同参画計画」内での記述をみてみると，とくに高校の女性校長比率が高い県のほとんどに言及が見受けられた。第2次基本計画以降，教育を含めたあらゆる分野における女性の政策・方針決定過程への参画の拡大は重要課題のひとつとなっている。そこで，女性教員の管理職登用について言及のある県の具体的施策の記述をみたところ，研修に関することや計画的な人材育成に関する記述や対象を明らかにするような記述を含むものもあった。ただ，人材育成に関する明確な記述のある県自体はそう多くはなかった。

今回は計画開始年度や策定に至る状況の異なる資料を分析し，さらにそれらと異なる年度の公立高校の女性校長比率を併せて比較検討している。この点については注意が必要ではある。しかしそれでもなお，以上のことから，研修対象や時期等の枠組みを詳細に設定することと高校の女性校長輩出率の低さに関わる諸課題をさらに検討していくことは重要であるといえる。また，管理職を視野に入れた女性教員のキャリア形成・キャリア開発の課題としては，女性校長比率の高いAグループの県のほとんどに言及があることを踏まえ，全般的に登用促進や多様な整備への言及が現状として重要である側面をうかがい知ることができるのではないだろうか。ただ，女性教員の管理職登用についての人材育成に関する明記自体は多くない状況にある。ここには，施策そのもののみえにくさがあらわれているとも考えられる。

　計画策定と現状の関連を断言することは難しいが，全体的に高校の女性校長比率が1割に満たない県が多い現状において，「男女共同参画計画」に課題や方向性が提示されることの意味は，決して小さくないだろう。ただし，教員としての望ましいキャリア形成過程として一般化されているライフステージモデルにすべての教員を当てはめて，細かに定めたそのモデルどおりに研修機会を充実させるだけでは十分ではない。第2部の女性校長のインタビューにもあるように，女性が管理職を展望したキャリアを形成していくためには，さまざまな経験や研修が重要であるとインタビュー協力者たちは考えている。しかし同時に，その際に育児期を支える制度の充実や運用上の工夫，管理職登用そのものの多様化も必要であるとしている。つまり，「一般的な」教員のライフステージモデルやキャリア形成モデルと女性教員の実際の状況との重なりにくさや悩ましさなどを議論に含め，単なる経験年別研修の細かな年次設定にとどまらない，多様な研修およびキャリア形成の機会が重要になるだろう。先にみてきた研修の設定や管理職登用に関する施策の多様性のみえにくさには，こうした課題が潜んでいる可能性があるのではないか。

　今回は，教員研修や女性教員の管理職登用に関する人材育成の実際の状況を含めた検討を行っていないため，それらの観点を含めたさらなる検証は今後の課題としたい。

注
1) 今回の分析資料である都道府県の「男女共同参画計画」については，各都道府県ホームページから情報を得た。
2) 文部省教育職員養成審議会　第3次答申「Ⅱ　3．教員の各ライフステージに応じて求められる資質能力」より引用。

引用・参考文献
亀田温子・河上婦志子・村松泰子・岸沢初美（1998）『教師教育におけるジェンダー・フリー学習の実態調査報告書』1997年度東京女性財団自主研究助成・報告書

木村育恵（2010）「教員研修におけるジェンダーに敏感な視点からの学習・教育のあり方」『北海道教育大学紀要（教育科学編）』第61巻第1号

文部科学省「10年経験者研修実施状況調査について」

文部科学省「初任者研修実施状況調査について」

高野良子（1999）「女性校長低率要因に関する一考察」『日本女子大学大学院人間社会研究科紀要』第5号

楊川（2007）「女性学校管理職のキャリア研究の再検討」『教育経営学研究紀要』第10号

第5章

女性校長比率に差を生み出す要因

　本章では，公立高校での女性校長比率の差がいかなる要因で生み出されるのかについて検討を行う。公立高校の女性校長の比率が都道府県により異なることは，第3章でみてきたとおりである。本章ではこの差がいかなる要因によるのかについて，種々のデータに基づき，多面的に検討していくことをねらいとする。

　本章では文部科学省をはじめとする公共機関により調査・公表された既存のデータを用いて統計処理を行い，女性校長の輩出に関して差を生み出す要因について多方面からのアプローチを試み，要因の手がかりをつかむ。そのうえで手がかりを得られた要因について詳細を検討する。

　女性校長比率に差をもたらす要因を探るにあたり，まず，分析の枠組みと本章で用いるデータの概要を示しておきたい。

1　分析の枠組みとデータの概要

（1）分析の枠組み

　本章では，女性校長比率に差を生み出す要因を探るにあたり，以下の3点に着目して検討していくことにする。

　まず地域による要因という観点である。女性校長比率をはじめとする公立高校の女性管理職の都道府県ごとの差を検討していくにあたり，はじめに地理的に近い都道府県をひとまとめ（ブロック）にして，ブロックごとに地域の要因

を検討する。都道府県別ではなくより広いエリアによる要因の影響を検討することをねらいとする。そのうえで，都道府県別のデータの分析をとおし，女性校長比率を含む女性管理職比率と関連のある要因をさぐっていく。都道府県ごとの分析においては下記の観点に注目して分析を行う。

　ひとつには学校種という観点である。小学校〜中学校・高校と学校段階が上がるにしたがい女性管理職が少なくなるが，高校の女性管理職と小中学校の女性管理職との差異を検討することで，高校の女性管理職の特徴を検討する。

　さらにはジェンダー要因である。都道府県ごとの公立高校女性校長比率は，都道府県の男女共同参画の影響をさまざまな形で受ける可能性があると考えたためである。すでに第4章で女性教員のキャリア形成課題についての都道府県の男女共同参画計画の記述を分析した。本章では，都道府県単位での男女共同参画に関わる指標の中から，いくつかの指標をジェンダー要因として選び，公立高校女性校長比率との関連をさぐる。

(2) データの概要

　上記で示した分析の枠組みにのっとり，用いるデータの概要は表5-1に示すとおりである。なお，本書の主たる眼目は，公立高校での女性校長比率に差を生み出す要因を探ることであるが，女性校長比率の分析にはキャリアアップの視点が重要であることから，校長比率に加え，副校長および教頭比率（以下両

表5-1　本章の分析の要因ならびに分析に用いる主たるデータ

要因	要因を明らかにするために用いる主たるデータ
ブロックによる要因	平成22(2010)年度　学校基本調査（文部科学省：2010年12月22日公表）
学校種という要因	平成22(2010)年度　学校基本調査（文部科学省：2010年12月22日公表）
ジェンダー要因	①平成22(2010)年度　地方公共団体における男女共同参画社会の形成又は女性に関する施策の推進状況 　（内閣府男女共同参画局：2011年1月14日公表） ②平成22(2010)年度　女性の政策・方針決定参画状況調べ 　（内閣府男女共同参画局：2011年1月14日公表） ③統計でみる都道府県のすがた2010 　（総務省統計局：2010年3月8日公表）

者をまとめて教頭比率），それらをあわせた女性管理職比率についても，必要に応じて分析を行う。さらに，分析の枠組みで述べたとおり，中学校・小学校という学校種間の分析を行うことをふまえ，文脈に応じて中学校・小学校での女性管理職を含めた分析を行う。なお本章での公立高校女性校長比率をはじめとする女性教員に関する指標は，特別の場合を除き2010年度「学校基本調査」（文部科学省 2010）のデータによる。

2　分　析

(1) ブロック別データを用いた分析

　分析の第一の眼目である地域の要因を検討するために，まずは都道府県別ではなく近隣の都道府県をまとめたブロックごとの検討を行う。

1) ブロック分けの設定

　ここではブロック分けの設定（コード）を地理的条件から9種類考えてみた（表5-2）。
　ブロック分け設定にあたり勘案した事項は，ブロック内の都道府県は隣り合っていること[1]，ブロックの数が多くなりすぎないことの2点である。これらを念頭に，ブロック数を2から6までとし，9種類のブロック分け（コード）を設定した。

2) 公立高校女性管理職比率へのブロックの影響

　2010年度の女性校長比率，女性教頭比率，これらをあわせた女性管理職比率について，小学校・中学校・高校それぞれにおいて，ブロックごとの数値を算出したうえで，ブロックによる影響を検討した（一元配置分散分析）[2]。その結果，いずれのコード，いずれの学校種においても，女性校長比率，女性教頭比率，女性管理職比率におけるブロックによる違いは見いだされなかった。
　小・中・高校それぞれにおいて，いずれのブロック分けによっても，女性管理職比率に有意差がなく，すでに池木清（2001ほか），また本書第3章でも，

表5-2 ブロック分けコード表

コード	A 3ブロック	B 3ブロック	C 6ブロック	D 6ブロック	E 5ブロック	F 6ブロック	G 6ブロック	H 5ブロック	I 2ブロック	
北海道										北海道
青森										青森
岩手										岩手
宮城	1		1	1	1	1	1	1		宮城
秋田										秋田
山形										山形
福島		1								福島
茨城										茨城
栃木										栃木
群馬										群馬
埼玉			2	2		2	2	2		埼玉
千葉									1	千葉
東京										東京
神奈川					2					神奈川
新潟										新潟
冨山							3			冨山
石川				3				3		石川
福井										福井
山梨	2		3			3				山梨
長野							2	2		長野
岐阜							3			岐阜
静岡							2			静岡
愛知		2					3			愛知
三重										三重
滋賀				4	3			3		滋賀
京都										京都
大阪			4			4	4			大阪
兵庫										兵庫
奈良										奈良
和歌山										和歌山
鳥取										鳥取
島根										島根
岡山										岡山
広島										広島
山口			5	5	4	5	5	4		山口
徳島									2	徳島
香川										香川
愛媛										愛媛
高知	3	3								高知
福岡										福岡
佐賀										佐賀
長崎										長崎
熊本										熊本
大分			6	6	5	6	6	5		大分
宮崎										宮崎
鹿児島										鹿児島
沖縄										沖縄

公立高校の女性管理職の輩出は，地理的に近いという文脈での地域の影響を受けていないことが指摘されているが，統計的にも，それが明らかになった。

(2) 都道府県別データを用いた分析
1) 学校種からの検討～小中高の女性管理職の関連
① 学校種間の女性校長比率の関連

都道府県ごとに各学校段階での女性校長比率を求め，小学校・中学校・高校の三者間での女性校長比率の関連を，相関係数[3]により把握した。その結果，表5-3にみられるように，小学校での女性校長比率と中学校での女性校長比率にはやや強い関連が，中学校と高校での女性校長比率においても弱い関連がみられた。つまり，小学校の女性校長が多い都道府県は，中学校でも女性校長を多く輩出していることが明らかになった。関連の度合いは低くなるものの，中学校で女性校長の多い都道府県は，高校においても女性校長が多いことが明らかになった。一方，小学校と高校では女性校長比率に関連がみられなかった。

上記より，都道府県の公立高校の女性校長の輩出は，中学校の女性校長輩出と関連があることが示唆された。

表5-3 女性校長比率の学校種間　相関係数（2010年度）

	小学校	中学校	高　校
小学校			
中学校	.616**		
高　校	.255n.s.	.346*	

＊5％水準で有意，＊＊1％水準で有意　n.s. 有意差なし（以下同様）

② 各学校段階における職階の関連

一般的には，教頭から校長へのキャリアアップが想定され，第2部のインタビューの協力者は大方このルートをたどっている。そうであるならば，各学校段階での女性教頭比率と女性校長比率は近似することが想定される。そこで2010年度における各学校段階での女性教頭比率と女性校長比率の関連を相関係数によって求めた。その結果小学校ならびに中学校では，両者に関連がみら

表5-4　学校種別にみた女性校長－女性教頭比率の相関係数（2010年度）

	小学校	中学校	高校
教頭－校長	.722**	.512*	0.5n.s.

れ（表5-4），とりわけ小学校でその傾向が顕著であった。一方，高校では女性教頭比率と女性校長比率のあいだには関連が見いだされなかった。

　小中学校では，女性の教頭が多い都道府県においては女性校長も多いことがうかがわれる。女性教頭が多い県も少ない県も，小中学校での教頭比率がそれぞれの学校段階での女性校長比率と近似していることが推測される。一般的な常識に立てば，教頭になることが校長へのキャリアアップにつながることが推測されるが，小中学校では統計上でもその傾向が確認された。

　一方公立高校では女性教頭の比率が高い県であっても女性校長比率が高いとは限らないことが明らかになった。逆説的には高校の女性教頭比率が低い県であっても女性校長比率が高い県が存在することが想定されるのである。すなわち，公立高校での女性教頭から女性校長への昇進には，小中学校での昇進とは異なる要因が働いている可能性が示唆された。

　ただし教頭から校長への昇進には通常数年間のキャリアの積み上げが見込まれることをふまえ，公立高校における教頭－校長の関連についての経年的な分析は，本章第3節で詳しく行う。

2）ジェンダー要因との関連～男女共同参画状況との関連

　本項では，公立高校女性校長比率の差が生み出される背景について，都道府県における男女共同参画状況に焦点を当てたジェンダー要因から分析する。

　まず，都道府県での男女共同参画状況に着目し，高校での女性管理職比率との関連を検討する。公立高校での女性管理職比率と関連のあるジェンダー要因を探るために，表5-1の男女共同参画に関する①②③のデータの中から，ジェンダー要因としての寄与が高いと思われるものを53項目選択し（章末・表5-11），相関係数を求めた。表5-5に，高校女性管理職比率と相関がみられたジェンダー要因を示す。

表5-5　高校女性管理職とジェンダー要因（男女共同参画状況）との関連

ジェンダー要因	女性校長比率	女性教頭比率	女性管理職率
成人一般学級・講座数　人口100万人当たり（2004）	.339*		
女性学級・講座数　女性人口100万人当たり（2004）	.317*		
女性公務員の管理職の登用状況　都道府県本庁　女性比率（2010）			.292*
男女共同参画に関する計画の策定状況（市町村）(2010)（全市区町村に対する男女共同参画に関する計画の策定済み市区町村数の比率）			.316*
女性公務員の管理職の登用状況（市区町村）課長以上職（一般行政職）女性比率（2010）			.302*
自治会長　女性比率（2010）		.354*	.333*

　都道府県における公立高校の女性校長比率は，成人一般学級・講座数（2004）ならびに女性学級・講座数（2004）と，また女性教頭比率は，自治会長の女性比率（2010）と関連があった。校長と教頭をあわせた女性管理職比率では，市町村の男女共同参画に関する計画の策定状況（2010），女性公務員管理職の登用状況（本庁および，市区町村一般行政職での課長職以上；2010），さらに自治会長女性比率（2010）との間に関連があった。

　いずれの項目も，都道府県における男女共同参画状況の一端を示すものであり，女性校長率が高い都道府県は成人向け・女性向けの講座数が多く，また，女性教頭比率が高い都道府県は女性自治会長比率が高いことが明らかになった。

　また，女性校長・教頭をあわせた女性管理職が多い都道府県は，市町村の男女共同参画の策定状況が高いこと，都道府県（本庁）と市町村（一般行政職）での女性公務員管理職の登用率が高いこと，ならびに女性の自治会長比率が高いことがわかった。

3）女性校長比率に差を生み出す要因～上位県に注目して

　すでにみたとおり，小学校と中学校，中学校と高校の女性校長比率には関連があること，小学校と中学校では校長比率と教頭比率には関連があるが，高校

では校長比率と教頭比率には関連がないことが明らかになった。また，女性校長をはじめとする高校の女性管理職を多く輩出している都道府県は，都道府県（市町村）での男女共同参画推進状況が高かった。

本項では，これらの知見をふまえ個別の県を対象に，2010年度の女性校長比率をはじめとする女性管理職の状況と男女共同参画状況との関連を精査し，女性校長比率の差の解明を目指しさらなる分析を試みる。

① 校長比率が教頭比率を上回る県〜福井県・三重県に注目して

まずは，女性校長比率の高い（6％以上）13県の高校女性管理職比率をみてみよう（表5-6，図5-1）。

これらより明らかなことは，高校の女性校長比率1位の福井県ならびに第3位の三重県において，女性校長比率が同教頭比率を大きく上回っているという点である。女性校長比率が女性教頭比率を上回る県は，上位13県中8県を占めるが，両比率の差が最も大きいのが女性校長比率1位である福井県，ついで同3位の三重県である。

女性校長比率第2位の愛媛県も同様に校長比率が教頭比率を上回っているが，とりわけ福井は女性校長比率（20.0％）が同教頭比率（5.0％）の約4倍，また3位の三重も女性校長比率（10.0％）が同教頭比率（3.6％）の約3倍と差が顕著である。47都道府県の高校女性校長比率と同女性教頭比率の平均がそれぞれ4.8％と7.0％であり，女性教頭比率が同校長比率を上回っていることから，福井と三重の女性校長比率が同教頭比率に比べて突出して高いことは明白である。

そこでこの2県における，高校女性管理職比率と関連がみられた男女共同参画状況を女性校長高比率13県の状況（表5-7）と比較しながらみてみよう。両県は成人学級・講座数／100万人当たり（2004），女性学級・講座数／100万人当たり（2004），女性公務員管理職登用（都道府県本庁ならびに市町村一般行政職課長職以上）（2010）はすべて平均を上回る一方で，自治会長比率はともに平均を下回っている。男女共同参画に関する計画の策定状況のみ両県で異なる傾向を示し，福井が平均を上回り，三重は平均をやや下回った。

総じて，両県の男女共同参画状況は近似しており，共通点として注目すべき

第5章 女性校長比率に差を生み出す要因

表5-6 高校女性校長比率上位13県の小中高女性管理職比率（2010年度）
(%)

順位	県名	高校校長	高校教頭	中学校長	中学教頭	小学校長	小学教頭
1	福井	20.0	5.0	7.7	21.6	25.5	33.0
2	愛媛	10.2	8.8	9.0	5.4	28.8	19.6
3	三重	10.0	3.6	5.6	6.0	15.2	23.7
4	神奈川	9.6	11.2	9.7	12.7	24.1	34.2
5	奈良	8.6	5.8	2.9	2.8	12.6	12.4
6	静岡	7.1	9.9	3.8	7.6	18.4	16.9
7	山口	7.0	5.8	6.0	10.7	21.7	20.1
8	新潟	6.8	5.9	3.8	6.7	15.7	13.9
9	富山	6.5	7.8	11.1	13.3	31.7	43.8
10	岡山	6.3	10.2	7.5	12.6	27.5	33.9
10	香川	6.3	2.6	5.6	4.2	27.0	26.9
12	大阪	6.0	11.3	9.3	7.5	18.0	22.6
12	山形	6.0	4.1	0.9	2.5	14.5	14.1
全国平均		4.8	7.0	5.3	7.5	18.2	21.8

■ 高校女性校長比率が同教頭比率を上回る県
□ 高校女性校長比率が同教頭比率を下回る県

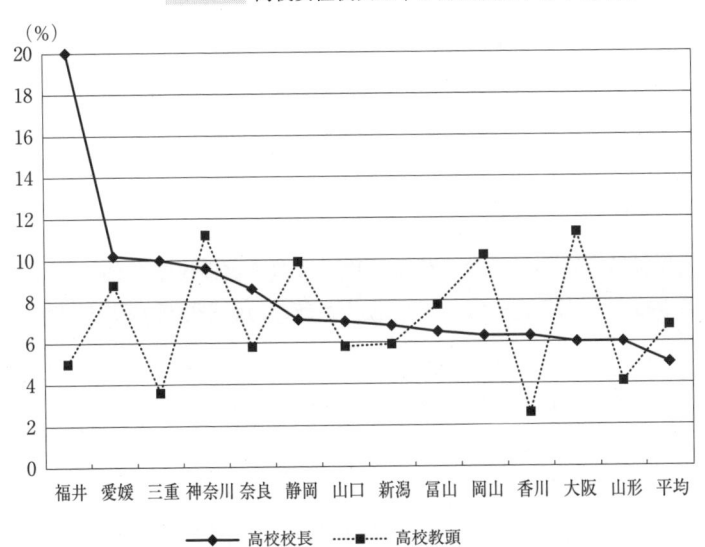

図5-1 女性校長比率上位13県の女性管理職比率（2010年度）

表5-7　高校女性校長比率上位13県の男女共同参画状況

順位	県名	項目1	項目2	項目3	項目4	項目5	項目6
1	福井	24805.0	8772.3	88.2	4.3	9.7	1.7
2	愛媛	4756.6	4248.1	80.0	2.3	3.3	4.3
3	三重	6696.9	2770.8	69.0	6.0	11.2	2.3
4	神奈川	549.0	74.4	97.0	7.4	8.7	7.6
5	奈良	2675.9	1412.8	33.3	4.3	5.0	6.0
6	静岡	1193.1	312.9	91.4	4.9	4.0	1.0
7	山口	7343.1	3900.6	94.7	3.0	6.0	6.5
8	新潟	1410.3	370.4	66.7	5.3	4.8	2.1
9	富山	8692.3	5740.4	100.0	2.4	9.6	1.2
10	岡山	6347.0	2058.2	81.5	6.8	6.0	5.7
11	香川	2477.0	1438.1	76.5	5.6	2.6	8.7
11	大阪	645.2	51.6	97.7	5.0	8.2	10.4
13	山形	10465.2	3819.5	45.7	2.5	3.9	0.6
	全国平均	2766.6	991.6	63.3	4.3	6.6	4.1

　　　　高校女性校長比率が同教頭比率を上回る県
　　　　高校女性校長比率が同教頭比率を下回る県

項目1：成人一般学級・講座数 人口100万人当たり（2004）
項目2：女性学級・講座数 女性 人口100万人当たり（2004）
項目3：男女共同参画に関する計画の策定状況（市区町村：2010）
項目4：女性公務員の管理職の登用状況 都道府県本庁 女性比率（2010）
項目5：女性公務員の管理職の登用状況（市区町村）課長職以上（一般行政職）女性比率（2010）
項目6：自治会長女性比率（2010）　　　　　　　　※項目1，2については指標値

は，成人学級数・女性学級数・地方公務員管理職女性比率などにおける男女共同参画の実現度が高いという点である。これらの成果は県や市町村などの地方自治体（行政）主導による男女共同参画の推進のあらわれであると思われる。その一方で，女性自治会長という，生活に根ざした住民の基本的なコミュニティにおける女性のリーダーシップが低いことから，住民自治における男女共同参画状況は必ずしも高くない。

　すでにみたとおり，2010年度の高校女性校長比率と同教頭比率との間には関連（相関）が見いだされなかった。女性校長比率の高さと女性教頭比率は必

ずしも連動しない。福井と三重はその典型といえる。また分析からは，女性教頭比率と女性自治会長比率との関連が見いだされたが，福井と三重は女性教頭比率が低く同時に女性自治会長比率も低い。両県における女性教頭比率と女性自治会長比率の低さを背景とした，女性校長比率の突出は，生活に根ざした男女共同参画の実態というよりも，都道府県（市町村）によるいわば行政主導による男女共同参画推進を背景としたものといえるのかもしれない。

② 校長比率が教頭比率を下回る県～神奈川県・大阪府に注目して

女性校長比率が同教頭比率を下回る県は上位13県中5県である。5県のうち3県（神奈川，静岡，大阪）は，女性校長比率と関連のあった成人一般および女性学級・講座数（100万人当たり）が，他の2県（富山・岡山）と比べて極端に少ないという特徴がある。

これらの県は，大都市（政令指定都市）を複数擁する都道府県であり，とりわけ神奈川と大阪の2県は同規模の人口を呈し（2009年度は神奈川が約894万人，大阪が約880万人；総務省，2011）全国で2位と3位に位置し，都道府県別人口での高位置という共通点をもっている。本項ではこの2県を対象に高校女性管理職と男女共同参画の実態について精査を行い，校長比率の差を生み出す要因にせまりたい。

神奈川と大阪は女性教頭比率がそれぞれ11.2％（上位13県中2位）と11.3％（同1位），女性自治会長比率がそれぞれ7.6％（同3位）と10.4％（同1位）となっており，高い女性教頭比率（平均6.8％）と高い女性自治会長比率（平均4.1％）との関連性を具現化している県である。

また両県は市区町村の男女共同参画計画の策定率がそれぞれ神奈川97％（上位13県中3位），大阪97.7％（同2位）と高い。県女性公務員の管理職（本庁）登用についても，神奈川7.4％（同1位），大阪5.0％（同6位），市町村女性公務員（一般行政職課長職以上）の管理職登用が神奈川8.7％（同4位），大阪8.2％（同5位）と高い。自治会長女性比率も神奈川7.6％（3位），大阪10.4％（1位）と高い。

神奈川と大阪はともに高校女性管理職比率と関連のある男女共同参画の指標において高い数値を示していることならびに女性自治会長比率が高いことから，

これら2県は，高校女性管理職比率が高い都道府県に特徴的な男女共同参画状況を具現化しているといえる。

　総じていえば，神奈川・大阪両県は，女性校長比率・女性教頭比率ともに高く公立高校で女性管理職が多い県であり，その背景として，県レベルならびに市町村レベル両面での公務員登用の高さがうかがわれる。そのことと関連して，県の男女共同参画推進の証左となる，市町村での男女共同参画状況も高く，さらには生活における女性のリーダーシップを示す自治会長女性比率も高い。両県は行政レベルでの男女共同参画と生活に根ざした男女共同参画が連動しながら，公立高校での女性管理職比率の推進と影響を及ぼしあっていると思われる。

3 女性校長比率に差を生み出す要因について：経年推移と学校種からの精査

　本節では，第1節および第2節での分析・考察をふまえ，女性校長比率に差を生み出す要因について整理しつつ，公立高校の女性校長比率になぜ差が生じるのかについて，経年的な経緯や学校種の観点からさらに分析を進める。

(1) 地域による要因〜都道府県による要因の重要性

公立高校の女性校長比率と女性教頭比率との関連〜経年的な精査をとおして

　地理的に近い地域をひとまとめにしていくつかのブロックを想定し，女性校長比率をはじめとする女性管理職比率に関して検討を行ったが，ブロックによる有意な差は検出されなかった。

　女性校長をはじめとする公立高校の女性管理職比率の差の解明には，北海道ブロック・東北ブロックというような大きなエリアを単位とする地理的要因ではなく，都道府県別の要因に照らした分析が意味をもつことの証左を示すことができたといえよう。

　ここまでの検討で，小学校で女性校長が多い都道府県では，中学校でもその傾向が見受けられるが，高校では必ずしもそうではないということが明らかになった。

また，小学校や中学校で女性教頭が多い都道府県は，女性校長も多い傾向があるのに対し，高校ではその傾向は見いだされなかった。すなわち高校での教頭から校長への女性教員の昇進には小中学校での女性管理職の昇進とは異なる要因が働いていること，総じて小中学校と高校との間には，管理職人事において，大きな分断があることが推測された。

本項では公立高校女性校長比率と同教頭比率との関連について，経年的な観点からさらなる分析を行い，両者の分断の背景にせまる。

2010年度女性校長比率と2009年度〜2005年度までの女性教頭比率との関連を相関係数によって求めた（表5-8）。興味深いことに，2010年度および2009年度については，関連はみられなかったが，2008年度から2005年度までは，両者に関連がみられた。

そこで，2005年度から2010年度までの女性教頭比率の推移を表で示す（表5-9）。とりわけ先に分析した福井・三重については，2005年度から2006年度にかけて増加を示すが，2006年度以降はほぼ下降の一途をたどっている。他方，神奈川・大阪は，2005年度以降ほぼ同じく増加の一途をたどっている。

2010年度高校女性校長比率は，その2年前〜5年前の計4カ年度の女性教頭比率と関連があることが明らかになったことから，経年的観点にたてば高校においても小中学校と同じく，女性が教頭になることは，校長昇任へのステップであることが統計上示された。すなわち，2010年度の高校女性校長比率と同女性教頭比率の関連のなさは，特定の都道府県がこの4年ほどの間に教頭比率を減じていることに起因すると思われる。

表5-8 2010年度公立高校女性校長比率と経年的な女性教頭比率との関連

	2010年度女性校長比率との関連
2010年度	n.s.
2009年度	n.s.
2008年度	0.406**
2007年度	0.651**
2006年度	0.754**
2005年度	0.666**

表5-9 女性教頭比率の経年推移 (%)

	2010年度	2009年度	2008年度	2007年度	2006年度	2005年度
北海道	2.6	3.1	3.3	3.2	2.7	2.3
青森	2.3	1.1	3.3	3.3	3.4	1.1
岩手	5.9	4.6	3.6	4.4	4.4	2.8
宮城	5.8	4.6	2.8	1.9	2.7	2.7
秋田	13.8	16.0	11.1	14.1	11.8	4.9
山形	4.1	2.8	8.3	5.6	4.1	2.7
福島	8.5	7.8	6.2	6.2	6.2	4.7
茨城	3.6	1.4	2.0	3.9	4.0	2.1
栃木	7.4	3.7	2.4	1.2	2.3	4.3
群馬	1.1	1.1	1.0	1.0	1.1	1.1
埼玉	6.6	6.2	6.9	6.0	5.8	5.5
千葉	7.0	7.1	6.6	5.4	5.0	4.1
東京	7.3	6.2	5.8	5.7	5.0	5.0
神奈川	11.2	9.9	8.9	8.5	7.8	7.6
新潟	5.9	5.9	6.0	5.0	4.8	5.4
富山	7.8	9.7	6.8	8.7	10.7	12.6
石川	11.8	11.3	8.9	7.9	5.3	5.1
福井	5.0	7.5	12.5	22.5	22.5	15.0
山梨	9.7	6.5	4.8	3.2	5.0	5.1
長野	8.3	6.5	5.4	4.4	4.4	2.7
岐阜	7.2	7.2	7.5	5.4	4.3	3.3
静岡	9.9	8.0	7.4	6.5	5.7	5.8
愛知	6.5	5.9	6.1	6.4	7.1	7.4
三重	3.6	3.5	4.7	6.7	8.9	7.9
滋賀	9.8	13.1	9.7	8.1	4.8	4.7
京都	4.5	3.4	3.3	2.2	1.1	0.0
大阪	11.3	11.5	10.6	8.8	8.0	6.8
兵庫	4.9	4.9	4.4	4.9	5.3	4.8
奈良	5.8	5.9	5.6	3.8	7.5	8.6
和歌山	5.0	5.0	3.3	6.5	6.2	4.6
鳥取	4.1	4.1	2.0	4.1	4.0	3.9
島根	6.1	4.3	2.1	0.0	0.0	2.0
岡山	10.2	10.1	11.1	9.9	9.7	8.7
広島	4.6	6.1	5.9	5.1	4.2	4.7
山口	5.8	7.9	13.3	13.8	12.9	10.6
徳島	11.5	13.6	11.2	12.1	12.1	7.4
香川	2.6	3.9	3.8	4.9	7.3	8.4
愛媛	8.8	6.9	6.5	7.4	7.3	6.2
高知	13.6	14.7	13.6	11.6	10.0	10.6
福岡	6.4	6.7	7.1	4.5	4.3	2.9
佐賀	4.3	6.3	3.8	1.9	3.8	1.9
長崎	7.1	7.1	4.8	4.7	5.6	5.6
熊本	5.4	0.0	0.0	1.0	3.2	4.3
大分	2.7	4.2	4.2	4.5	5.7	4.3
宮崎	3.6	3.5	3.6	3.6	3.5	3.6
鹿児島	6.4	6.1	7.0	7.7	7.4	6.5
沖縄	11.4	10.4	8.5	10.7	10.0	9.8
平均(%)	7.0	6.6	6.2	6.0	5.9	5.2

2010年度のデータに依拠した，高校女性校長比率と同教頭比率の関連のなさは，女性教頭から女性校長への昇進の分断という文脈ではなく，女性教頭登用における経年的な分断が背景にあることが明らかになった。

(2) ジェンダー要因との関連～学校種からの比較検討

都道府県別データを用いて，公立高校女性管理職比率を男女共同参画状況から検討した。その結果，公立高校の女性校長比率は成人一般学級・講座数や女性学級・講座数などの生涯学習の実施状況と，同教頭比率は自治会長女性比率と，同女性管理職比率は男女共同参画に関する策定状況（市町村）・女性地方公務員管理職の登用状況・自治会長女性比率と関連があった。また，女性自治会長比率は女性教頭比率と，市町村での男女共同参画状況は女性管理職と関連があった。

こうした特徴が高校に特有なものかどうかについて精査を行うために，小中学校の女性管理職と男女共同参画状況との関連を検討した。先に行った高校女性管理職比率とジェンダー要因との関連の検討の際に用いた男女共同参画状況に関する53項目と，2010年度小中学校女性管理職比率との関連を相関係数によって求めた（表5-10）。

高校女性管理職比率と関連のある男女共同参画の項目（7項目）は小中学校（28～30項目）に比べ，4分の1程度と格段に少ない。

小中学校で女性管理職が多い都道府県では，教育委員会（都道府県）や審議会（市区町村），都道府県ならびに市区町村における公務員管理職への女性登用が積極的に推進されていることがわかる。また中学校では女性管理職の比率が幼稚園数や保育所保育士の一人当たりの子どもの数，男女共同参画・女性問題に関する推進体制（市町村），市区長女性比率と連動している。さらに小学校では，女性管理職の比率と女性の労働力人口比率の高さや女性問題に関する条例の制定状況の推進度が連動している。

生活に根ざした男女共同参画の指標である自治会長女性比率は，高校の女性管理職と関連のある項目としてすでに考察してきた。本項目は小学校女性管理職比率とは関連がみられず，中学校女性校長比率とは関連がみられたが，その

表5-10 学校女性管理職比率と男女共同参画状況との関連

No.	学校女性管理職比率と関連のあった項目	小学校長	小学教頭	小学管理職	中学校長	中学教頭	中学管理職	高校校長	高校教頭	高校管理職
7	幼稚園数3～5歳人口10万人あたり(2008)					.312*	.314*			
10	保育所在所児数 保育所保育士1人あたり(2007)				-.388**		-.298*			
14	労働力人口比率 女 対15歳人口比率(2005)		.334*							
16	成人一般学級・講座数 人口100万人当たり(2004)					.348*	.308*	.339*		
17	女性学級・講座数 女性人口100万人当たり(2004)					.310*	.323*	.317*		
20	男女共同参画に関する計画の策定状況(市区町村)(2010)	.356*	.395**	.405**	.345*	.297*	.356*			.316*
21	男女共同参画に関する条例の制定状況(市区町村)(2010)		.306*	.320*						
23	男女共同参画・女性問題に関する推進体制(市区町村) 行政連絡会議割合(2010)					.299*				
24	男女共同参画・女性問題に関する推進体制(市町村) 諮問機関・懇談会設置割合(2010)		.290*							
27	地方自治法(第180条の5)に基づく委員会等への女性の登用 委員総数に占める女性比率(2010)	.505**	.416**	.494**			.294*			
28	審議会等女性委員の登用(市区町村) 平均女性比率(2010)	.338*	.348**	.370*		.398**	.392**			
29	女性公務員の管理職の登用状況 都道府県全体 女性比率(2010)	.306*	.373**	.370*	.328*					
30	女性公務員の管理職の登用状況 都道府県全体一般行政職 女性比率(2010)		.342*	.341*	.309*					
31	女性公務員の管理職の登用状況 都道府県本庁 女性比率(2010)	.319*		.304*	.379**					.292*
32	女性公務員の管理職の登用状況 都道府県本庁一般行政職 女性比率(2010)		.291*	.303*						
33	女性公務員の管理職の登用状況 都道府県支庁・地方事務所 女性比率(2010)		.383**	.351*						
34	女性公務員の管理職の登用状況 都道府県支庁・地方事務所一般行政職 女性比率(2010)				.292*					
35	女性公務員の管理職の登用状況 都道府県教育委員会 女性比率(2010)				.330*					
39	女性公務員の採用状況 都道府県上級 女性比率(2010)					.331*				
41	女性公務員の採用状況 都道府県初級 女性比率(2010)						-.288*			
43	女性公務員の管理職の登用状況(市区町村) 課長以上職(全体) 女性比率(2010)		.323*		.355*	.288*	.368*			
44	女性公務員の管理職の登用状況(市区町村) 課長以上職(一般行政職) 女性比率(2010)	.307*	.369*	.368*	.477**	.499**	.536**			.302*
45	首長等の状況 市区長数 女性比率(2010)				.308*					
49	首長等の状況 自治会長数 女性比率(2010)				.327*				.354*	.333*
	学校種・職階別、男女共同参画状況と関連のあった項目数	6	12	10	11	9	10	2	1	4
	学校種別、男女共同参画状況と関連のあった項目数	28			30			7		

注)項目のNo.は表5-11(章末)のNo.に対応

数値（r = .327）は高校女性教頭比率（r = .354）及び同女性管理職比率（r = .333）との相関の数値よりも低い。したがって，この項目は，とくに高校女性管理職比率と関連のある項目として実証されたといえるだろう。

　全体としてみると高校女性管理職比率は，成人学級や女性学級数，男女共同参画に関する計画の策定状況，女性公務員の管理職の登用状況（市区町村管理職以上職　一般行政職）等と関連があった小中学校女性管理職比率に比べ，地方共団体における男女共同参画状況との関連が希薄であることが明白になった。公立高校女性管理職比率は，各都道府県での男女共同参画の推進状況と関連があるが，関連の度合いは小中学校ほど顕著ではない。

　学校における女性管理職登用と都道府県（市区町村）での男女共同参画状況との関連を精査した結果，両者には関連が見いだされたものの，関連の度合いは学校種によってばらつきがあり，高校と小中学校の間に大きな分断があることがわかった。

(3) 高校女性校長の登用にむけて〜女性教頭を増やすことをとおして

　高校の女性校長比率を高めることは学校教育において非常に重要な意味をもつ。第2部で紹介するように，インタビューを通じて女性校長たちは「校長の責任の重み」を語っているが，これはまさにこのことを如実に物語っている。同時に経年的な分析から明らかなように，女性教頭の登用もまた，近い将来における女性校長輩出において重要な方策である。言い換えれば校長の女性比率と教頭の女性比率が両輪で増大していくことが，学校教育における男女共同参画の推進においては重要な課題であるといえる。

　すでにみたとおり，高校女性教頭比率は女性自治会長比率と関連があった。生活に根ざした女性のリーダーシップと女性教頭比率との関連性についてのプロセスや精査はこれからの検討課題であるが，人々の生活の基盤である自治区という，地域の中でもより細かな区分における男女共同参画状況と，高校女性教頭比率との関連性が見いだされた意義は小さくない。

　今後の公立高校の女性管理職の推進においては，女性教頭の積極的・恒常的な登用のシステムを整備することや，自治区や自治区に影響を及ぼすと思われ

る市町村といった生活に根ざした男女共同参画状況が大きな鍵となってくるのではないだろうか。むろん都道府県における男女共同参画の策定や実施が重要であることはいうまでもない。

(4) 今後に向けて

　最後に本章での分析結果を簡潔にまとめ，課題と展望を述べる。

　分析の過程で，都道府県での公立高校女性校長比率に差を生み出す背景として，高校校長への道は小中学校での校長へのキャリアアップと異なるプロセスが含まれることが推測された。分析を進めるにしたがい，2007年頃から女性教頭比率を経年的に減じている都道府県の存在が確認された。今後はさらに都道府県ごと・小中高校別に登用システムを具体的・個別的に精査することで，公立高校での女性校長が少ない要因に迫っていきたい。

　高校の女性管理職比率と地方公務員の女性管理職比率（県・市町村レベル）ならびに女性自治会長比率との関連がみられたことから，地方公共団体での男女共同参画の取組みを，都道府県・市町村・自治区など多様な自治体レベルで推進していくことの意義も示された。

　さらには女性教頭比率と女性自治会長比率との関連がみられたことから，生活に根ざした女性のリーダーシップのあり方と都道府県の学校管理職登用との関連性という新たな研究の視点が見いだされた。

　一方，今後の研究上の課題も残った。まず，データに関する課題である。本章で統計に用いたデータはすべて，文部科学省などの公共機関ないしは研究者による既存のものであった。公立高校女性校長比率に差を生み出す要因の検討という本章の目標を達成するにあたり，データはできるだけ新しい年次のものを使用するという方針ではあったが，統計によっては古いデータの使用を余儀なくされたことがあった（たとえば2010年度の高校女性校長比率と関連する要因として，2004年度の女性学級・講座数／人口100万人当たりが用いられるなど）。今後，データの年次の統一という点から，データ収集の精度を高めたい。

　最後に，今回の分析では，高校女性管理職比率の背景についての重要なヒン

トを得ることはできたが，公立高校女性校長比率に差を生み出す要因の全容解明までは至っていない。女性校長比率の差に関する要因を絞り込むためには，都道府県別の公立高校女性管理職登用のプロセスに加え，教員を含め地域に生きる人々のジェンダー意識など，幅広い男女共同参画状況のすりあわせに基づく分析が必要である。このように都道府県別に多様なアプローチを行うことで，高校女性校長輩出へのあらたな展望を切りひらくことができるのではないだろうか。

注
1) 海に隔てられている場合も含む。
2) 一元配置分散分析とは，ある要因に沿ってグループ分けを行い，グループ間の差を統計的に検証する手法のひとつである。
3) 相関とは，2つの要因の関連を統計学的な計算により科学的に明らかにする手法である。計算により関連が有意であるとされた場合に，2つの関連性が科学的に立証される。

引用・参考文献

池木清（2001）「都道府県間格差著しい公立学校女性管理職登用の実態」『女子教育研究』日本橋女学館短期大学
文部科学省（2005〜2010）「学校基本調査」各年度版
内閣府男女共同参画局（2011）「女性の政策・方針決定参画状況調べ」
内閣府男女共同参画局（2011）「地方公共団体における男女共同参画社会の形成又は女性に関する施策の推進状況」
総務省統計局（2010）「統計でみる都道府県のすがた2010」

表5-11　都道府県別男女共同参画状況（指標）一覧

No.	都道府県別男女共同参画状況（指標）
1	合計特殊出生率（2008）
2	一般世帯の平均人員（2005）
3	核家族の世帯の割合　対一般世帯数（2005）
4	共働き世帯割合　対一般世帯数（2005）
5	婚姻率　人口千人当たり（2007）
6	離婚率　人口千人当たり（2007）
7	幼稚園数　3～5歳人口10万人当たり（2008）
8	保育所数　3～5歳人口10万人当たり（2007）
9	幼稚園在園者数　幼稚園教員1人当たり（2008）
10	保育所在所児数　保育所保育士1人当たり（2007）
11	幼稚園教育普及度　幼稚園修了者数／小学校児童数：第1学年（2007）
12	保育所教育普及度　保育所修了者数／小学校児童数：第1学年（2007）
13	労働力人口比率　男　対15歳人口比率（2005）
14	労働力人口比率　女　対15歳人口比率（2005）
15	勤労青少年・婦人福祉施設数　人口100万人あたり（2008）
16	成人一般学級・講座数　人口100万人当たり（2004）
17	女性学級・講座数　女性人口100万人当たり（2004）
18	ボランティア活動の年間行動者率　15歳以上（2006）
19	母子自立支援員　人口10万人当たり（2008）
20	男女共同参画に関する計画の策定状況（市区町村）（2010）
21	男女共同参画に関する条例の制定状況（市区町村）（2010）
22	男女共同参画・女性問題に関する推進体制（諮問機関・懇談会）女性比率（2010）
23	男女共同参画・女性問題に関する推進体制（市区町村）　行政連絡会議設置割合（2010）
24	男女共同参画・女性問題に関する推進体制（市区町村）諮問機関・懇談会設置割合（2010）
25	目標の対象である審議会等委員への女性の登用　審議会等委員総数に占める女性比率（2010）
26	法律又は政令により地方公共団体に置かなければならない審議会等委員への女性の登用　審議会等委員総数に占める女性比率（2010）
27	地方自治法（第180条の5）に基づく委員会等への女性の登用　委員総数に占める女性比率（2010）
28	審議会等女性委員の登用（市区町村）平均女性比率（2010）
29	女性公務員の管理職の登用状況　都道府県全体　女性比率（2010）
30	女性公務員の管理職の登用状況　都道府県全体一般行政職　女性比率（2010）
31	女性公務員の管理職の登用状況　都道府県本庁　女性比率（2010）
32	女性公務員の管理職の登用状況　都道府県本庁一般行政職　女性比率（2010）
33	女性公務員の管理職の登用状況　都道府県支庁・地方事務所　女性比率（2010）
34	女性公務員の管理職の登用状況　都道府県支庁・地方事務所一般行政職　女性比率（2010）

35	女性公務員の管理職の登用状況　都道府県教育委員会　女性比率（2010）
36	女性公務員の管理職の登用状況　都道府県警察本部　女性比率（2010）
37	女性公務員の採用状況　都道府県全体　女性比率（2010）
38	女性公務員の採用状況　都道府県警察本部　女性比率（2010）
39	女性公務員の採用状況　都道府県上級　女性比率（2010）
40	女性公務員の採用状況　都道府県上級警察本部　女性比率（2010）
41	女性公務員の採用状況　都道府県初級　女性比率（2010）
42	女性公務員の採用状況　都道府県初級警察本部　女性比率（2010）
43	女性公務員の管理職の登用状況（市区町村）　課長以上職（全体）　女性比率（2010）
44	女性公務員の管理職の登用状況（市区町村）　課長以上職（一般行政職）　女性比率（2010）
45	首長等の状況　市区長　女性比率（2010）
46	首長等の状況　副市区長　女性比率（2010）
47	首長等の状況　町村長　女性比率（2010）
48	首長等の状況　副町村長　女性比率（2010）
49	首長等の状況　自治会長　女性比率（2010）
50	都道府県議会　女性割合（2009）
51	市区議会　女性割合（2009）
52	町村議会　女性割合（2009）
53	地方議会（計）　女性割合（2009）

資料）
No.1〜19：総務省統計局「統計でみる都道府県のすがた 2010」（2010 年 3 月 8 日公表）
No.20〜49：内閣府男女共同参画局「地方公共団体における男女共同参画社会の推進又は女性に関する施策の推進状況（平成 22 年度）」（2011 年 1 月 14 日公表）
No.50〜53：内閣府男女共同参画局「女性の政策・方針決定参画状況調べ」（2011 年 1 月 14 日公表）

第 2 部

女性校長の
キャリア形成

インタビュー調査より

第2部　はじめに

　第2部では，公立高校における校長経験をもつ女性に対して行ったインタビュー調査の結果を分析する。

　インタビュー調査は，2008年9月～12月，2010年12月～2011年3月の2期に行った。本共同研究のメンバーが直接面識のある女性校長本人またはその知人と，インターネット，地方紙などで女性であることが確認できた校長に協力を依頼した。1～2名のインタビュアーが，現職校長の場合は勤務校の校長室等にて，退職校長の場合は大学の研究室等において，1人の協力者につき1時間半から3時間程度の聞き取りを個別に行っている。インタビューの前に教職経験年数，教科，行政機関等も含む勤務経験（異動歴）と，所属や職位，家族構成などについて尋ねる質問紙への記入を依頼しておき，インタビュー時にはその内容に沿って，勤務経験の詳細や，管理職へのキャリア形成の契機やプロセス，家庭生活と仕事についての関係，管理職の仕事についての考え，女性が管理職になることについての考えなどについて聞き取った。聞き取りの内容はICレコーダーなどに録音し，逐語的に文字化したものを分析の対象とした。

　本研究のインタビュー調査に協力してくれた校長経験者（以下，協力者と略記する）は，インタビュー時に現職であった人が15名，すでに退職している人が3名の計18名の女性である。協力者の簡単なプロフィールと，勤務経験の概要を以下の表に示す。

　協力者たちの勤務する都道府県（以下，県と統一する）は，北海道・東北地方から九州地方にわたる10県であり，2010年度の女性校長率が全国平均の4.8％を上回る県に勤務する先生が12名，下回る県に勤務する先生が6名となっている。

　協力者たちが教諭として新規採用されたのは1968年から1981年にわたっている。インタビュー時まで（退職校長は退職まで）の教員歴は30～38年[1]，勤務校数は6～13校である[2]。行政機関への勤務を除き，学校に勤務していた時期のみについてみると，教諭としての勤務校数は2～4校，1つの学校への連

インタビュー協力者のプロフィール

先生名	担当教科	出身大学	教職年数等
A先生	家庭科	国立大学	38年（退職）
	教諭→行政職→校長→行政職→校長		
B先生	理科	国立大学	37年（退職）
	教諭→行政職→教頭→校長		
C先生	家庭科	不明	37年（現職）
	教諭→行政職→教諭→行政職→教頭→校長		
D先生	英語科	国立大学	36年（現職）
	教諭→行政職→教頭→行政職→校長		
E先生	家庭科	私立女子大学	35年（現職）
	教諭→行政職→教頭→校長		
F先生	数学科	国立大学	33年（現職）
	教諭→行政職→教諭→教頭→行政職→校長		
G先生	家庭科	国立大学	35年（現職）
	教諭→行政職→教諭→行政職→教頭→校長		
H先生	家庭科	国立大学	35年（現職）
	教諭→行政職→教諭→教頭→行政職→校長		
I先生	保健体育科	国立大学	34年（現職）
	教諭→行政職→教頭→行政職→校長		
J先生	家庭科	私立女子大学	30年（現職）
	教諭→行政職→教頭→校長		
K先生	家庭科	国立大学	37年（退職）
	教諭→教頭→校長		
L先生	家庭科	私立女子大学	35年（現職）
	教諭→教頭→校長		
M先生	保健体育科	国立大学	34年（現職）
	教諭→教頭→校長		
N先生	国語科	不明	35年（現職）
	教諭→教頭→校長		
O先生	保健体育科	国立大学	34年（現職）
	教諭→教頭→校長		
P先生	理科	国立大学	34年（現職）
	教諭→教頭→副校長→校長		
Q先生	理科	国立大学院	33年（現職）
	教諭→教頭→校長		
R先生	社会科	国立大学	32年（現職）
	教諭→教頭→校長		

続勤務年数は1〜15年であった[3]。教頭として初めて学校に赴任したのは1998年から2005年，教員歴24〜30年目のことであり，教頭を務めた年数は0年〜8年，勤務校数は0〜3校（1校への勤務は0〜4年）である。校長として初めて学校に赴任したのは1999年から2010年，教員歴29〜35年目となっている。校長を務めた年数は1〜6年，勤務校数は1〜3校（1校への勤務は1〜5年）となっている[4]。

　県や市の教育委員会・教育センターなど行政機関への勤務経験がある協力者は10名，ない協力者は8名である。行政職における職位は指導主事，管理主事，課長や部長などがある。行政への異動経験がある協力者のうち，最初の行政機関での勤務は教員歴13〜25年目に始まっており，行政機関を出る際には教頭として学校に赴任する協力者が多い。一方，比較的早い時期，教員歴20年未満で行政に異動した4名の協力者のうち，3名はいったん教諭として学校に戻ったのち，教頭になるまでに再度行政職への異動を経験している。残る1人はその後ずっと行政職内での異動が続き，その中で教頭格への昇任を果たしたのち，学校に戻る異動の際には校長として赴任したために，学校での教頭経験をもっていない。

　教科別にみると，18名のうち，8名が家庭科，3名が保健体育科，3名が理科であり，英語科，国語科，数学科，社会科がそれぞれ1人ずつである。

　結婚，出産経験についてみると，結婚を経験したのが13名，うち出産の経験があるのが12名である。最も多い先生は4人の子どもがいる。

注
1) 非常勤講師として採用されていた年度は教員歴に数えず，行政職への勤務，管理職としての勤務歴は教員歴に含んでいる。
2) 行政職内における部局や職位の異動も1校として数えた。
3) インタビューによれば，地域によっては同じ学校に数十年勤務している教員もかつて存在していたが，1980年代後半から90年代前半にかけ，人事の流動化のため1校に続けて勤務する年数には上限が設けられるようになったという。
4) 教頭・校長を務めた年数について，赴任している間に統合を経た学校は統合前後を別の学校として数えた。

第6章 新任・中堅期

　本章では女性教員の教諭時代，管理職に向かう岐路に立つまでの時期に焦点を当てる。具体的には管理職登用試験（面接）の受験ないしは行政職への異動を打診されたり，推薦を受けたりする以前の力量形成の特徴を追うことにする。本研究の協力者たちが最初に教頭として学校に赴任したのは教員歴24～30年目のことであり，その前年あるいは数年前に管理職登用試験の受験や異動のすすめを受けていた。ここでは，インタビューで語られた内容のうち，教員歴20年目程度までの経験に注目し，新任期から中堅期ともいうべきこの時期に，本研究の協力者たちがどのような経験をする機会にめぐりあい，どのような力量やものの見方を身につけてきたかを描き出す。さらに，ここから女性の学校管理職が現状でなぜ少ないかを考察し，女性学校管理職を増やすためにはどのような手立てが必要かについて示唆を得る。

1　初期の経験における力量形成

　まずは協力者の初期の教職経験についてみていく。協力者たちが教職に就いてから10年目頃までの経験について語るトピックは，①目の前の生徒たち，②教科，③校務分掌，に関するものが中心となっていた。それぞれの局面において，協力者たちがいかなる経験をし，それがいかなる力量に結びついたかを考察していこう。

（1）目の前の生徒たち

　協力者たちは，自身の初期の教育経験を語るときに，生徒たちの様子について詳細に語ることが多かった。初任校での経験は，協力者たちが教員生活を踏み出すためのイニシエーションでもあり，最初の力量形成の機会でもあった。初任校で出会う子どもたちは，自身が被教育経験の中で出会ってきたのと全く異なる層の子どもたちであることもある。たとえばB先生は，初任校の定時制高校で出会った生徒たちの鮮烈な印象を語る。

> あーすごいなあってね。それは本当私の出発でしたけど，もう皆かわいくて人なつこくて，……本当楽しいっていうか，一番私が幼いっていうか（笑）。……試験の時に監督に行ったら，「グォーグォー」って音がするんで何かなと思ったら，寝ちゃってる子がいてね，そしたらまた皆が泣くんですよ，「可哀相だ」って言ってね。試験だからっていって早く仕事が終る訳じゃないから，せっかく夜も寝ずに勉強して，本番で寝ちゃうとはってことでね。すごく私としては本当いい現場に入れてもらったなと思いますよね。そこで本当に教育の原点に触れるようなことがあってね。（B先生）

　生徒たちの学習の困難，生徒指導上の問題などへの驚きと，それと懸命に向かい合って学んだ自らの姿についての豊かな語りは，教員歴10年目頃までの新任期に集中している。とくに初任から1～2校の赴任先には，進学校や中間的な普通高校よりは，いわゆる底辺校，困難校といわれる学校や，特殊教育諸学校（当時）などの学校が多く含まれている。また，そうした特殊性をもたない学校においても，この時期の赴任校は「学級経営にしても生徒指導にしても，いろんな意味での勉強をそこでさせていただきましたね。……アドバイスいただきながら，教員としてのイロハを教えて貰って」（I先生）などの語りに現れているように，教諭としての職務をまっとうしていくための本人にとっての「勉強」の場として機能していた。

　協力者たちはそのような学校の中で，担任や副担任を経験しながら，授業，部活動，問題への対応などさまざまな場面で，全力で生徒たちに向き合ってき

た。たとえば理科のQ先生は，定時制高校や学力底辺校の生徒たちに学ぶ楽しさを味わわせようと日々工夫を重ねていくうち，「なんであんたの授業は，生徒たち，一生懸命やるのかな」と他の教員に言われるまでになった。

> 生徒たちが最初から「自分は勉強できないし，したくないのに」っていう感じで入ってくる子がほんと多かったんですね。そういう子たちになんとかして，勉強って面白いっていうことをやはり教えたいっていう気持ちでね，理科の実験なんかを本当に真剣に工夫しましたね。でもね，面白いもので，たくさん工夫すればするほどね，生徒がうまくなるんですよ。そして本気になるんですよね。(Q先生)

協力者たちの教職のスタートは，現実の生徒たちとの出会いを通した驚きと発見に満ちたものだった。しかし協力者たちはただ驚いているばかりではなく，生徒たちの姿を鏡としながら，自らの教育実践上の力量を育て，成長を実感してきた。それと同時にその中で，教育実践において何が最優先されるべきことなのかといった教職に関する信念をも形成してきた。O先生は，出張があっても時間を惜しんで生徒のもとに戻ったり，試験期間中で部活動がないときにも生徒を集めて勉強をさせたりしたエピソードを語るとき，「やっぱり，生徒といることが教師だと思っていたので」という。先に引用したB先生同様に，この時期の経験を自らの教職生活の「原点」と位置づける先生も少なくなかった。

協力者たちの新任期は，生徒との出会いを通したリアリティ・ショックにはじまり，教職に関する信念の獲得や実践的力量の形成によって彩られている。小・中学校教師のライフコースに関する先行研究においても，同様の特徴が男女ともに描き出されており（山﨑 2002：335-339），教職に就いた者が校種・ジェンダーにかかわらず迎える力量形成の重要な時期であることがわかる。

ただし，子どもの姿を通した力量形成の契機は男女ともに訪れているが，その経験の仕方がジェンダーによって異なるものになる可能性には注意したい。協力者のうち，教員歴10年以内に出産や育児を経験した先生は少なくない。

彼女たちが目の前の生徒の教育に精力を傾けるには，家庭生活の懸命なやりくりが不可欠であった。家庭生活と教職生活の両立の困難については本章3節で詳述することにしたい。

(2) 教科

　教科に関する力量は，協力者たちが日々子どもと向き合いながら，個人あるいは教員集団の中で身につけてくるものだった。しかし，協力者たちの中で，とりわけ専門教科に関わる語りに特色がみられた人たちがいた。
　語りの内容が特徴的だったのは，とくに家庭科と保健体育科を専門とする協力者たちだった。「一昔前は（女性管理職といえば）家庭科と体育」といわれていたという。これは女性教員割合の低い高等学校の中で，女子向けの教科が女性教員によって担われてきたという数の問題にのみよっているわけではない。協力者たちの語りからは，これらの教科においては，新任期から中堅期における組織的な力量形成の機会が豊富であったことがわかった。
　家庭科についてみてみると，家庭科教員は学校に1人しか配置されないことも多いため，学校の中でも早くから教科主任を担当し，なかには初任校から教科主任を経験した協力者さえいた。さらには教科における学校横断的な研究会に，学校を代表する立場で参加することもしばしばである。同じ学校の中の複数の教員がローテーションで会合に顔を出す他教科と比べ，同じメンバーがいつも顔を合わせることになり，自然に県内の家庭科教員の間のネットワークは強いものとなる。県の教科研究会，委員会において若いうちから何らかの役職を務めることもしばしばである。初任校からすぐに教科研究会での役割を得ていたと語る協力者はいなかったが，とくに家庭科教員を中心に，2校目以降から教科に関する組織的活動への貢献が語りの中に登場してくる。それは特定の人物とのつながりで始まる場合もあるし，異動して赴任した学校が教科に関わる組織の事務局をもつような，拠点校としての役割をもつ学校であった場合もある。本研究の協力者のうち家庭科を専門とするのは8名だが，そのうち4名が全国や県における教科研究会，家庭クラブ連盟，専門学科などの事務局校・大会会場校への勤務を教諭時代に経験している。

そこでの役割や仕事について尋ねると，具体的に語られた内容はさまざまだった。「学習ノートを作ったり，自分達の教材開発をしたり」といった実践についての研究や発表が挙げられるほか，「企画をして研修会の講師に電話したり」「研究会の役員会はどうするか」「授業の発表をお願いする」「お金を集めたり」「プリントはどうするか」など多岐にわたる。ほかにも，たとえば県の専門委員として，学習指導要領改訂にともなう今後の家庭科の授業の方向性について「話し合っていろいろ研究して」「パンフを作ったり教材を作ったりして」「教科研究会の時に先生方にお渡しして」提案する役割を担った先生もいる。彼女たちはこのような仕事を通して，実践的力量を育てるほか，ヒト・モノ・カネの配置を学んだり，国の教育課程編成と自らの仕事の関わりを学んだりしてきたと考えられる。

　もう一点，家庭科の協力者の語りを特徴づけているものとして，人脈の存在があげられる。同じ教科の組織の中に，協力者たちのキャリアを引き上げて支援してきた人物がいたことが，語りの中にしばしば現れてくる。

　それらの人物とは，協力者たちの学生時代の「先生」や「先輩」である。その「先生」や「先輩」は，彼女たちが現在どのような状況にあり，より専門的な力量を形成したり発揮したりするための場や機会を知っており，的確なアドバイスを与えてくれる存在だった。「(教員になる希望を表明した)その頃からご指導や，いろいろお世話をいただいて，教員になってからも，指導主事などはそれこそ先輩ですから，『こういう研究にあなた出てきて勉強しなさい』とか，そういうことも含めていろいろとご指導していただく」ような強い結びつきを経験している先生もいる。また，それらの人物の貢献がアドバイスにとどまらず，ネットワークを生かして直接的に異動に働きかける場合も珍しくないようだ。

　協力者たちの一部が教科組織の拠点となる学校で活躍してきたことはすでにみたとおりだが，そのような学校への異動自体がこのような人脈によって引き起こされ，そこではすでに管理職への道が予期されていた場合もあることを，A先生は直截に語っている。

ですから○○高校の教員になるということは，家庭科の将来リーダーとなる人というので，それは逆に引っ張られるというか，「○○高校が1人動くからあなた来なさい」というような感じで。家庭科の○○県のいろいろな研究に参加してたりして，ああ，あの人だったら頑張れるかなといろいろ先輩が見ていて，「じゃあ来ない？」と言って，「校長先生に紹介するから」と言われ，校長先生が面接して決まると，そういう感じですよね。(A先生)

　このほかにも，「推薦をしようと思うが」と大学時代の恩師から声を掛けられて，研究推進校への異動が決まったと語る協力者がいた。「先生」や「先輩」とのこのような人脈が強く機能しているようにみえたのは，本研究の協力者の中では家庭科と保健体育科のみであった。これまですでに女性の管理職を輩出してきた教科において，おもに女性どうしの人脈が形成され，後輩の女性教員を引き上げているのは想像に難くない。家庭科を専門とする協力者8名のうち，6名がのちに指導主事を経験していることも，こうした人脈が機能してきたことをうかがわせる。
　保健体育科においても，似た傾向がみられる。M先生は保健体育の専門学科や全国の教科組織の事務局をもつ学校に勤務し，「やっぱり，体育の教員としてはここにいて勉強ができた」し，さまざまなネットワークも「広がった」と感じていた。I先生は教科主任の時，保健体育科の全国大会における授業公開や発表などを赴任校で分担することになった。研修・研究発表会のコーディネートを担い，企画や運営に関する実行力を「その時に身につけさせて頂きました」と語っている。
　家庭科，保健体育科以外の教科を専門とする先生のうちで，新任期に学校横断的な研究発表の場に積極的に参加したことを語ったのは，理科のQ先生と社会科のR先生のみであった。なお，R先生の場合は，教職員組合がここでの教科の組織と同等かそれよりも強い役割を果たしてきたように見える。R先生の初任校は，「熱心な先輩たちがいる学校」であり，女性教員が自主的な学習会を開いていた。早くから女性学の実践などを展開してきたR先生だが，「や

はり子どもは母親が仕事を辞めて，3歳ぐらいまでは育てるべきじゃないか」との自らのふとした発言が「それは違うんじゃないか」と指摘を受けるなど，女性が働くことについての視野を広げ，刺激を受けてきたという。これ以後，R先生は組合における教育研究会での研究発表や，民間研究会の中で活躍を重ねていき，のちには男女共同参画をめざす運動に参加している。

　R先生の場合はこのような状況があったとしても，家庭科，保健体育科以外の教科においては，女性どうしの人脈もなく，さらには男性を中心とする人脈が女性に対してはほとんど機能してこなかった。多くの女性には教科研究会への参与などの力量形成の機会も少なかった。そのような経験が不足していたと感じている英語科のD先生は，管理職になる際の不安と困難について語っていた。

　　私はね，やっぱり考えが古かったんだろうと思うんですけども，家庭もあって，普通のとにかく自分の仕事，教員としての仕事をこなしていくだけで手いっぱいと。で，自信もないし，たとえば教科の研究会とかね，そういう風なものに若いうちに出ていったわけでもないし，学校だけでやってきた人間なのでね，ある意味視野が狭いと思うんです。だから，そうじゃなくって，もっと若いうちからいろんな役をこなしてこられた方というのは，若いときから知識とかね，それから人脈とかね，あると思うんですよね。(D先生)

　D先生が，これを機会の欠如によるものとしてよりも，自らの積極性のなさが引き起こしたもののように語るのも興味深い。多くの女性教員にとって，自らのキャリアは自らが決断したこと（あるいは決断してこなかったこと）が作り上げてきた個人的事柄として捉えられているが，その決断そのものが組織構造によってもたらされている場合も多いのである。

(3) 校務分掌

　校務分掌は，新任期には偶然にその分掌に配置されるもののようにみえる。

なかには初任の教師は必ず同和教育部を分掌するという暗黙のルールがある県もあったが，多くの場合は，その分掌に配置された理由については不明確であった。経験を買われて同じ分掌を繰り返すこともあるが，ひとつの学校の中で教務，総務，図書，保健厚生，生徒（生活）指導などの分掌のうち複数を担当してきた先生も珍しくない。
　学校が組織として動くためにすべての分掌が重要であることはもちろんであるが，とりわけ生徒指導や進路指導，教務などは学校運営の核となる分掌として重要視される。協力者の語りからは，2人教頭制の場合に1人は教務担当，1人は生徒指導担当の教頭であった自治体があることも指摘されていて，これらの分掌が学校を支える2本柱として考えられていることがみて取れる。この2本柱のうち教務については，協力者たちの初期の経験においては特筆すべき点がみられないが，生徒指導の分掌に注目してみると，保健体育科と家庭科という教科の特殊性が再び浮かび上がってくる。
　保健体育科はジェンダーにかかわらず，生徒指導の分掌と結びつきやすく，さらには管理職に結びつきやすい教科である。管理職の専門教科について，「いろんな教科があるけど，体育の人が多いな」という率直な感想を口にした先生もいた。協力者の中でも，保健体育科の教員は3名であったが，このうち生徒（生活）指導の分掌を経験していない者はいない。歴任校での校務分掌を尋ねると，「もちろん，生指（生徒指導）」と語る先生もいるように，保健体育科は生徒指導の分掌と切り離せないものであるとの認識があるようだ。
　一方，家庭科を専門とする協力者たちは必ずしも生徒指導部に所属してきたわけではなかった。しかし彼女たちの認識として，とくに困難校における女子生徒への指導が大きな課題であったことが語られていた。A先生は，「しつけとか家庭生活のことだと，元気のいいというかちょっと学校以外に向いているような女子でも，いろいろ心を開いてくれる生徒がいるから，そういうものを期待しているよ」と異動先の校長に言われた経験を語った。高校の女性教員数自体が少なく，保健体育科，家庭科の男女別修が当然とみなされていた時代において，とくに女子向けに教科を教える女性教員が，女子の生徒指導においても大きな役割を担ってきたようだ。

生徒指導の分掌で協力者たちが見てきたものは，初期の経験では目の前の生徒たちの問題への驚きと対応が中心になり，女子生徒の履いてきた校則違反の靴下を「どこまでも走って取りました」など，（1）で扱った語りと質的にほとんど区別できない。しかし，教職歴10年近い頃の語りには，生徒指導において自らが専門性を活かして果たせる役割は何かという観点が登場する。たとえば家庭科のK先生は，目の前の女子生徒の生活のだらしなさ，性の乱れなどを目や耳にして，その子どもたちがごく近い将来に築く家庭生活に対する危機感を覚え，指導の必要性を感じたことを語っていた。

　　とくにここではね，女子にしっかり教育…いわゆる母親教育をしていかないと。ほとんどの子が大学行きませんから，就職もしないで結婚してしまう，再生産なんですね。なんとかしなければということで，（中略）だからここでもう少し頑張って，いわゆる女子教育…母性とかを考えたうえでの女子教育をメインにした男性のサポートというものを，違う視点からやってみたかったんですが。（K先生）

　子どもたちに将来望ましい家庭生活を営むすべを教えること，それは家庭科という教科が担うべき課題だとK先生は認識した。子どもたちに性や生について学ばせる教科である保健体育科においても，教員たちは同様の役割を担い，同様の自負を感じてきたことが想像される。大学受験の影響を強く受ける高校教育の中で，これらの教科は受験に関係のない教科とみなされる。そうした教科の教員が，自らの仕事の意義として自負し，その専門性を発揮する場として機能してきたのがこのような生徒指導の分掌であったと考えられる。

2　立場・役職の変化と新たな視座の獲得

　協力者たちが教職に就いて10年目を過ぎる頃の語りには，共通して彼女たちの立場や役職の変化が現れてくる。重要な変化のひとつは学年主任や，校務分掌における主任などを担うようになることである。また高校を取り巻く状況

の変化を受けて，管理職の主導する学校改革の遂行に携わった先生もいる。この頃に研修などの機会を得た協力者もいる。以下では，協力者たちが，①主任，②改革の遂行，③研修の経験を通してどのような力量を身につけてきたかをみていこう。

(1) 主任

　初期の語りには登場しなかったのが，学年主任や，生徒（生活）指導，進路指導，教務といった分掌における副主任（副部長），主任（部長）などの指導的・管理的役割を担った経験である。「ある程度学校の中で，校務分掌の中で，教務主任であるとか学年主任であるとか部長であるとかを経験しないと，上に上がっていけないですよね」と語った協力者もいて，主任を担った経験を有することは，管理職としての職務を担うための重要な条件のひとつだという暗黙の前提があった。

　まず，学年主任の経験からみていこう。協力者たちのうち，学年主任の経験について明確に語ったのは5名であったが，学年主任になったのがみな教員歴20年前後，年齢としては40代に入った頃である。初めての主任職である者もあれば，行政職に一度異動したり，海外派遣研修を経験したあとの協力者もいた。

　本研究の協力者たちが主に教諭時代を過ごした1970〜80年代は，公立高校の生徒数が増加し続けていた頃であり，1学年の学級数が10以上であるのが珍しくなかった。当然ながら教員数も多く，主任を務める機会そのものが巡ってきにくいとともに，「教員が学年毎にまとまって協調しながら」「同僚と上手くチームを組んで仕事をする」ことの重要性が増し，そうした環境を作り上げるうえでの困難も大きい時期だった。

　とくに学級数が多い中での学年主任の仕事は，たくさんの教員の意見の相違を知り，それを調整する重要な経験となったようだ。異なる教科や学科の特色，異なる個性の教員を活かしながら「まとめる」ために努力を払ったことを協力者たちは語る。

まず担任の先生方をまとめてやっていく，学年をまとめるっていう風なことで気を使ったつもりなんですけれども。その○○高校っていうのは4学科ございましたので，（それぞれの学科の）特色も大事にしながら，学年をまとめていくっていう風なことでやってまいりました。（中略）本当にうまくやってけるのかなって自分自身も自信なかったんですけれども，「やれる人おまえしかないから」って校長先生に実は言われまして，「まあ，やるしかないかな」って覚悟して入ったんですが。みなさん協力的で大変ありがたかったなあっていう風に思います。（C先生）

協力者たちが自らの学年主任当時の仕事を語るとき，「まとめる」という言葉はしばしば登場するものの，そこでの調整の具体はあまり語られない。彼女たちは，学年主任として自らが何を期待され，そこで自ら何を実行し，どのような力量を獲得しているかについて，その当時には明確に意識されていなかったのかもしれない。

そもそも学年主任に選ばれた理由についても，多くの協力者たちの認識においては，力量を買われてというよりは「年齢」によるものであった。「最初に校長先生に呼ばれてお話頂いたときに，『もうこれはしょうがないですね，年がいちばん上ですのでねぇ』や言うて，私も言いましたけどね（笑）」（D先生）との語りはこのことをよく表している。40代という年齢が，その任務を引き受けるためのほぼ唯一の心の準備となっており，その任務をこなすための力量や自信は必ずしも事前に身についてはおらず，不安を抱えつつ同僚などの協力を受けて必死で努力するうちに徐々に獲得されていったのだと考えられる。

つぎに，生徒指導や進路指導・教務などの分掌における主任（部長）経験をみていこう。

数ある分掌の主任の中で，教務主任はとくに管理職昇任に強く結びつくと考えられている。教務主任を経験した協力者は6名で，男性の場合との比較は必要だが，協力者全体においては少数とは言えない。教務主任の道は女性にも開放されてきたように見えるが，その一方で「進学校で，家庭科の教員に教務主任をさせたのは，校長は勇気が要っただろうと思いました」と語る先生もおり，

学校のタイプや教科によってはこの道が閉ざされる可能性もあったということには注意したい。教務の分掌の経験をもとに教務主任になり，それによって管理職への声が掛かるという経路をたどるよりは，先に管理職昇任への期待があってその任を与えられた先生のほうが多いようだ。「当時まだ私はたぶん若いほうだったと思うんですけれども，先を見据えてっていうのか，将来は教頭になったほうがいいってことで教務主任につけてくれたのかなって思うんですけれども」などの語りが見られた。

生徒指導主任については興味深いことに，教職の初期に生徒指導の分掌を経験した協力者は少なくないにもかかわらず，生徒指導主任を経験した協力者は1人もいなかった。保健体育科，家庭科においても0人だった。このことからは，彼女たちが任されてきた生徒指導の役割は，その対象を女子に限定したものであって，学校全体の男子を含めた生徒指導の統括は，やはり男性に任されがちであったことがわかる。

分掌の主任を務めることによって得られるものとして重要なのは，学校の「全体」を見る視座のようである。進路指導主任を経験したQ先生は，自らの視座の変化が主任経験によって得られたと明確に語った。

> 進路主任した時から，やっぱりこれは仕組みという考え方も絶対必要なんだなって。システムっていうかね。システムを絶えず改善しながら作って，運営じゃなくて企画・改善を繰り返していくことじゃないかなっていうかね。そうしないと達成できないものがあるような気がしたんですね。（Q先生）

教務主任や生徒指導主任が管理職昇任の条件として機能するのは，とくにこれらの分掌が学校の経営方針に関わるものであり，「全体」を意識しなければならない役割を担うものだからであろう。F先生は，教務主任の仕事は「どっちかというと学校経営のようなほうばかり」であり，「全体を見渡せるのはいい仕事だった」と語っている。進路指導も，とくに高校においては学校経営を左右するような，教務や生徒指導と切り離せない分掌である。

ただし,「全体」を見る視座の獲得としては共通しているものの,そこで管理職の仕事に役立つ何か抽象的・一般的な能力が獲得されたというわけではないようだ。協力者たちは,管理職になった際に自らが経験してこなかった分掌の内容に関する不安を覚えたことを語る。教務主任を経験したF先生は,「ずっと教務だったので,いわゆる生徒指導とか進路指導とか,そういうのやっていないんですよね。そういう意味でのちょっと,不安っていうわけではないですけれども,やっておけばよかったかなっていうのはありますよね」と語っているし,総務部長を経験したL先生は,「私,教務主任をやっていないですけどね。で,困りました,逆にわからないから,教頭になった時。教務主任っていうのは授業でしょ,学校全体の時間割とか授業とか全て携わるじゃないですか,教育課程とか。それをやっていないわけだから」と語る。

ここからは,学校を全体として見る際には,「教務」「生徒指導」「進路指導」の軸のそれぞれにおいて把握し,おそらくはそれらの把握を統合できることが求められているのだとわかる。後に続く管理職としての仕事のスムーズな遂行のために,いかなるバランスをもって横断的な経験を積ませるべきなのか,再考される必要があるだろう。

(2) 改革の遂行

協力者たちが教員歴10〜20年を迎えた1980年代後半頃,高校は生徒数の増加が折り返し地点を迎え,生徒指導上の問題が影を落とす一方で,多様化の流れも受けて変革の時期を迎えていた。学校が何らかの変革を遂げようとする中で,それに直面することによって自らの視野を広げてきた協力者もいた。

全教職員が一丸となって学校の危機を乗り越え,方向性を探ろうと試みているとき,そこには必ずしも足並みを揃えようとしない教員がいる。40代を迎えた彼女たちの語りには,そのような同僚に対する客観的なまなざしと,同僚性や教員組織の望ましい在り方についての考えが登場する。

> 校長先生・教頭先生方と一緒になって,なんとか学校立て直さないといけないなあというので奮闘してた時代ですね。心ある先生たちも沢山いら

っしゃいましたけども，逆に何て言うんかな，生徒の権利，権利，権利という感じで，生徒甘やかして（いる先生もいました）。先生方の考えの対立も非常にありまして，まあそこら辺から校長先生・教頭先生ともよくお話をするようになりまして。やっぱりそれまでは，いわゆる，対子どもとかね，対教科とかね，そういう立場でしか学校を見て無かったんですけども，学校の運営とか全体とか，そういうことを感じざるを得ないと言いますか，そんな気持ちになってきましたね。(P先生)

　P先生はそれまで「校長・教頭というそういうポストになりたいと考えたことは一切」なく，「そういうのを目指している人がなるもんだ」と考えてきた。にもかかわらず，教員どうしの考えが対立する状況をきっかけに，管理職との対話の中で，学校全体を見る視座を手に入れていった。
　学校全体を見る視座というものが，分掌における主任経験によって獲得されていたことは先にみたとおりだが，その獲得の場は主任に限られたものではなく，とくに管理職が牽引する改革の実行に携わりながら管理職と視座を共有する経験は重要であった。
　そして管理職と視座を共有するだけでなく，そこで多様な教員の意見を調整し交渉するわざを獲得していった先生もいる。保健部長を経験したO先生は，「先生方って大体，新しいことやれって言われると拒否反応を示す」けれども，自身や管理職がその必要性を感じていることであれば，「やっぱり説得して回るとか，それぞれのわがままを聞きつつ調整して，『これならできるんじゃないの？』みたいな形でもっていかなあかんでしょ。そういうのは，保健部長とかを経験させて頂いたときにできたかなぁと思います」と語っている。こうした教員と管理職の間の意見の調整や説得は，のちの教頭時代の職務の内容と似たものである。学校が新しい局面を迎えた時に，教員の多様な関心や意見の食い違いが立ち現われてきて，その結果として協力者たちが管理職と視座を共有し，その関心を重ね合わせ，調整のためのわざを獲得することへとつながってきたといえる。
　客観的に捉えた同僚の姿が，自らが管理職に進む決断へと直接的に結びつい

た先生もいる。N先生は高校再編にともなう新校立ち上げ準備に関わっていたが，その際に「学校とはなんぞやという時に，生徒を鍛えたり育てたりするっていう観点じゃなくて，自分たちのよき職場をどうしてくれるんだっていう観点から考える」同僚の存在に，大きな義憤を感じるようになる。生徒を第一に考えられない教員の温床となる学校の体制を変えたいとの思いが，彼女が官制の中堅職員研修会のすすめを受容する直接のきっかけになったという。「一教員じゃなくて，管理職としてやっていきたいなって思いました。で，受けることにしました」との語りには，この経験を通して立ち現われた彼女の強い信念がみて取れた。高校を巡る大きな変革の状況は，結果的には協力者たちを校長へと押し上げる追い風として働いてきた。

なお，教科について言えば，家庭科出身の校長が多く輩出されてきた要因のひとつはここにも求められる。とりわけ家庭科という教科は，男女共修の導入，専門学科が旧来の役割を終える中での大規模な再編と，協力者たちのキャリア形成の時期を通して，国による教育課程改革に翻弄され続けてきた。上からの改革とそれへの対応の中で，説得や交渉のわざの獲得などはここでも起こってきたと考えられる。さらに，行政への異動を受容するきっかけとして，男女共修の意義などが十分に共有されていない現状に対する危機感があったと語る先生もいて，やはりここでも改革の状況が協力者たちの校長への道を支えてきたことが示唆される。

(3) 研修

協力者のうち11人は，研修センター等における研修を経験していた。県の研修センターなどで行われる研修は期間は1年間，半年，3か月，あるいは現場で担任をしながら通いで行うものなどさまざまである。そのほかに中央研修と呼ばれる全国規模の研修もあり，これは1か月程度現場や家庭から離れて宿泊しながら行うものが主である。さらには海外派遣の形をとるものもある。官制の研修を経験した11名のうち，7名は教諭時代に，4名は教頭試験合格後の任用前や任用後に研修を経験していた。

中堅期に行われる官制の研修は，のちに続く管理職登用のためのふるいとし

ての機能をもっているようだ。中堅教員研修は,「幹部候補生」が「論文も作っていって,プレゼンもして,そして討議もして」,そこでの力量を「見定められる」場であると明言する先生もいた。管理職からの研修のすすめを受け実際に研修を経験した協力者は,すすめがあった段階で,それが仮に近い将来の管理職登用に続くのだとしても,それを受容するある程度の心の準備は整っていたようだ。すすめられて「断れなかったので」研修に行ったとする語りは,それを固辞せず受容する意識がそれまでに形作られてきたことをうかがわせる。

　教職とは日々の実践から立ち止まって考えることのしにくい職である。長期研修や中央研修など,現場や家庭から一時異なる場所に身を置いて行う研修は,多忙な職業生活の中でほぼ唯一足を止めて自らの職についての考えを見直し,組み替えることのできる機会であったようだ。H先生は,それまで「目の前の課題を解決するためには勉強しなければいけない」という必要性に追い立てられていて,「自分の中にしっかり勉強を何か目的をもってしたいのに,それはなかなかできない」という現状があった。その中で長期研修は,自ら目的を立てて学ぶことができる重要な機会であると先生は感じ,研修を受けて学んだ。G先生も,研修の機会は「背中を押して頂いたというか,勉強する機会を頂いた」ものだと捉えており,「今考えるとそういう,生活にゆとりと言いますかね,精神的なものを丁度取り込むいい時期だったようには思います」と振り返っている。官制研修の経験は,教職生活の日常とは一線を画したものとして捉えられていた。

　研修の機会に形成された学校外の縦横の人脈は,管理職登用や管理職になった後に生かされる知識を学ばせてくれた。研修センターに指導員として勤務していた退職校長たちに「論文の書き方」や「授業を見るときのポイント」などさまざまな指導や助言を受けたという先生もいる。また,本章の射程とする時期からは外れるが,教頭になってからの中央研修で学んだことが,直接的に校長試験に役立ったと語っている協力者もいた。これまでの教員生活の中では明確になってこなかった管理職の視点を知る場であったといえるだろう。知識を学ぶばかりでなく,ここで出会って現在管理職になった女性たちと作ったサークルで,現在でも交流が続いていることを語った先生もいる。これも教科の組

織など学校外の組織的活動をもたなかった先生にとっては大きな変化である。

　一部の協力者にとっては，研修は「ゆとり」ある重要な機会として機能したが，そうした「ゆとり」の時間をもつこと自体が想像もつかず，この機会を手にしなかった協力者も少なくない。研修のすすめを迷ったり断ったりする最大の理由は，家庭責任との両立だった。3節でもみていくが，女性教員が自らの努力や周囲の協力によってかろうじて家庭生活と職業生活との両立を果たしている最中には，研修のすすめがあっても受けることはできない。管理職のほうも，声を掛けるときにそのような事情は考慮するという。官制研修を経験しなかった協力者のうちでも何人かは，管理職からのすすめはあったと遠慮がちに語っていた。中央研修のすすめを受けたI先生は，1か月家を空けることになるため，家事や子どもの受験などを考えて迷った。夫が「いや，そんなチャンスあるんやったら，まぁ家は困るけど行ってきたら？」と理解を示してくれたことや，母が元気だったこと，子どももいいと言ってくれたことが協力者の背中を押してくれた。それでもなお，「やっぱり主婦が家にいないっていうのはどうなんだろう」との思いはあったという。

　官制研修の機会は，教員としての自己を管理職としての自己に組み替える移行を準備するための時間として機能していた。しかしその機会を享受することは，おぼろげながらも管理職への道が見えつつある協力者や，家を空けることが家庭の状況によって許されている協力者に限られており，どんな女性教員にも利用可能なものとはいえなかった。

3　女性教員の直面する壁

　1節，2節において検討された協力者の力量形成をめぐる経験において，女性教員がその中で直面してきた壁について検討していこう。

(1) 家庭生活との両立

　協力者のうち出産と育児を経験した先生は，育児をこなしながらも生徒たちとの時間に可能な限りの力を注いだり教科の活動などに奔走したりと，なんと

か教職生活と家庭生活との両立を果たしてきた。インタビュアーが水を向けない限り、その苦労についてはほとんど語られない。しかしひとたびその話題に触れると、抑えていた思いが噴き出してくることもあった。

学校教員などの産後1年間の育児休業制度は1975年に成立したものの、現実に女性が働く環境に変化が生まれるのには、時間が必要だったようである。出産を経験した協力者のほとんどは制度の成立以後に出産しているが、育児休業を全くあるいは短期間しか取らなかった協力者が多い。たとえば、制度はあっても「そういう雰囲気ではなかったですね。だから取らなかった」と語るL先生は、「おっぱいが張っちゃってね。（中略）もう昼夜氷をこう（当てる）。で、止まった時に学校行くわけですよ」など、身体をごまかしながら学校に復帰したという。A先生の場合は育児休業を利用せず、「育児時間」と呼ばれるフレックスタイムで育児をこなした。産休の期間だけ副担任が生徒を見て、復帰後すぐ担任に復帰したとき、「産休明けで行ってみたら、（授業が）6時間びっちりで、育児時間もとれない」という驚くべき状況だった。これ以前の赴任校では配慮ある対応も見てきていたので、この学校が「進学校」で「女性は独身の女性の方、又は未婚の女性の方がほとんど」という状況がこうした配慮のなさにつながったとA先生は見ていた。N先生も、赴任時に「女が来た」と言われるような女性教員の少ない学校で、周囲の無理解に苦しんだ一人である。管理職に妊娠の報告に行った際には「困ったな」と言われ、復帰の挨拶を「ご迷惑をおかけしますが」と始めると「迷惑掛けられると困るんだよね」と無配慮な言葉をかけられ、定時の退勤や年休の利用に対する同僚の反応は冷淡だったという。

配慮のない環境の中では、女性教員たちは十全に職務をこなせないことへの負い目と不安を感じることになる。N先生は、「職員会議の司会なんかをやっていても、途中で『申し訳ありません』って出て行くっていうような、どこでもここでも謝っているような状況」の中で、「随分自分で自信をなくして」しまっていた。しかし、職場環境の厳しさが、かえってN先生を子どもたちに向かわせた。N先生はこの危機を自らの力量形成の機会へと変えていくことになる。

だからでもその時に，まぁそれではできることは何だろうっていうので，小論文指導が本当に上手くなったんです。「小論文だったらNさん」っていう風に。何もかもやらないで，一話完結っていうんですか，手を入れて直すっていう事をやりながら……夜中に起きてそういう事をやってましたね。(N先生)

自ら覚悟のうえで担った役割だったとしても，育児との両立は予想以上に困難なものだった。1節の(2)でみた教科組織の拠点校などにおける業務は，多忙を極めていた。K先生は，産休明けの転任先がたまたま県の家庭クラブ連盟の会長校で，その業務の中心を担うことを，周囲には「できないでしょ」と反対されたが，かえって「できないと言われるとやってみようかなと」そこにやりがいを見いだした。残業や出張はしばしばで，定時に退勤できることもほとんどなく，子どもは保育ママに「24時間体制で」預けながら仕事をしていた。しかし，その生活をずっと続けていることに不安を感じたK先生は，ついに担任する生徒たちに「弱音を吐いた」のだという。

「私，もう自分の子育てもきちっとできなくて……家庭科でありながら大きな声でいろんなことを言うけれど，自分の生活が駄目になるからちょっと休んで，しばらくしたら非常勤にでもなろうかな」なんて言ったんです。生徒の前で，ホームルームの男の子もいるところで。「こんなに自分の苦労を言うのは申し訳ないけど，実態はこうなの」っていう話。(K先生)

子育て期の女性教員を疲弊させるのは，教職生活を続けることで家族への責任や愛情を犠牲にしているという思いなのかもしれない。「子どもがやっぱりちょっとね，かわいそうだったかもしれないですよね」といった言葉は複数の協力者が口にしていた。いつも実母に預けているわが子が，自分と一緒にいるときにも実母のもとに帰りたがる姿を見たとき，「涙が出てきた」ことを語った協力者もいた。新任期にも中堅期にも余すところなく自ら力量を育てて活躍

してきたように見える協力者が，家族との時間を今になって心残りに感じるとふと口にすることもあった。

生徒たちに弱音を吐いたK先生の場合は，女子生徒たちに助けられた。「私たちのお手本」となるK先生なのだから，なんとか育児と仕事を両立してほしいと，「協力するから，先生頑張って」と勇気づけてくれた。生徒の保護者が育児の手伝いを買って出てくれて，生活を乗り切ることができた。

しかし女性教員がいつもこのような困難に挑んで，そこでの危機を乗り越えられるとは限らない。事実，協力者の中にはそれが自らの力量形成につながる重要な機会だと気づきながらも，提示された道を選ぶことができなかった協力者もいた。たとえばある協力者は，海外研修の機会について「何日も留守にするのはとても，よう考えなかった」と語る。幼稚園のときに娘が登園拒否したことで，「小学校のときも，ずうっと怖かったですね。いつまた『行けへん』って言われるんだろうかって。やっぱり子どもがまずきちんと学校に行ってくれないことには，自分の仕事もできないじゃないか」との思いがいつもあったという。また別の先生は，遠方の学校から異動の声が掛かったが，「子どもがもし病気にでもなったらとかね，やっぱり考えると決断できなかった」という。自ら動くこともできず，単身で他県で働く夫に仕事を辞めさせるわけにもいかず，「いろんな意味で，2つに気持ちが分かれた状態で子どもを育てたりしてました」との語りは，教職生活と家庭生活との間に引き裂かれた女性教員の状況を浮かび上がらせている。子育て期にある女性教員が，自らの成長の機会を，管理職の配慮や自らの意思によって事前に回避したり，出会った危機を乗り越えられずにドロップアウトしたりする姿が想像される。

一方で，同僚のサポートによって，家庭生活をなるべく犠牲にせずにすみ，さらにはそこで感じる負い目をも軽減してもらった経験を有する先生もいた。

　　大先輩の女の先生がね，「学校の業務はいつでもまた戻ってきたときに，あるいは年を取った時にやれるよ」って。「今はまず，子どもができたんだから，子育てをきちっとやりなさい。その代わり勤務時間内はしっかりと業務しないと駄目よ。その代わり時間がきたら，やっぱり子どものため

に今はしてあげなさい。(中略) その時間はきちっとすれば皆理解してくれるから，そういう生きかたをした方がいいよ。無理したら駄目よ。続けられないよ」ってすごく言ってた。それから男の先生が，「部活動は今はしなくていい。いつかできるときがあるから，僕に任せよ」と言って頂いて，それがあったから続けられましたね。それなかったら私とっくに辞めてます(笑)。(I先生)

ほかにも，担任をもっている間に妊娠がわかり申し訳なく思っていたところ，校長が「何を言うのか，国の将来を担う子どもを産むのに遠慮することはない！」と声をかけてくれたという協力者もいる。協力者の世代の中でこのような理解ある対応が得られたのは稀であり，家庭との両立の難しさがこれまでの女性管理職の数の少なさの主要因でありつづけたことは間違いないだろう。

(2) 教職生活の行き詰まり

家庭生活との両立の難しさという軸とは別に，教員歴10年を過ぎる頃の一部の協力者の語りには，教職生活そのものに関する不安や物足りなさについての内容が現れる。生徒に向き合うことの面白さは，初任期の教員たちを突き動かす大きなエネルギーではあったものの，必ずしも教員生活を生涯にわたって続けるための推進力とはならないようである。

この○○高校の時っていうのは，本当にこのままずうっと教員のままで終わってしまうのだろうかという，そういう不安がありました。だから教育委員会に異動と決まった時に，少し世界が拡がるっていうか，変わるかなっていう意味の，だから半分は喜んで行った部分はあるんです。(さまざまなものが) でき上がっちゃうんですよ。それでもう，だからその頃もう10年以上やっていますから，このままやっていけなくはないんだけれども，何か違う形が欲しいなとは思っていたんです。それが結婚であれ異動であれ，ま，何でもよかったんだと思うんですけれども。(F先生)

ここで「不安」と表現されたものを,「マンネリ化」「壁」という言葉で語る協力者もいる。いずれにせよ,このような行き詰まりを感じた協力者たちは,F先生が「結婚であれ異動であれ」と語っているように,何らかの変化を求めて動き出そうとしていた。H先生も,「マンネリ化」を何とかしたいと感じ,自らの希望によって異動していた。G先生の場合は「もう少し自分で勉強しなきゃいけないなっていうような課題」を感じ,内地留学に応募したが希望はかなわなかった。J先生の場合は「(1校への勤務が)長くなってきたので」と転勤を希望したが,「(家庭科が)男女共修になって,男子も教えてから転勤したらいいんじゃないか」と言われたことで異動希望を見送り,そのうちに長期研修の声が掛かった。

　中堅期の教員がこのような行き詰まりを経験することは,これまでもすでに指摘されてきたことである (高井良1995,紅林1999,川村2003)。女性教員である彼女たちにもこの壁が訪れ,そこから自らステップアップを望んで研修の機会を獲得しようと試みたり,その時期に行政への異動や管理職試験受験のすすめを受けた場合にはそれを積極的に受容しようとしていた。

　その一方で,協力者の中には,まだ生徒に向き合うことの楽しさの中にありながら,不意にそこから引き剥がされたようなものとして,行政への異動経験を捉えていた人もいる。

　　もう行ってすぐにチャイムは聞こえないし,生徒の声は聞こえないしで,いや,もう1ヵ月くらいほんとに外を眺めては,景色が学校と違いますのでね。グラウンドもないですし,なんかこう涙が,うーん。何度か出たことありましたね。(C先生)

　実は女性教員のライフコースとしては,このように降ってわいた話として行政への異動や管理職へのすすめを受け止めるもののほうが一般的である (杉山他2005)。この違いはどのように生まれているのだろうか。

　この違いを考えるうえで重要なのは,行き詰まりについて語ったF先生,G先生,H先生,J先生はすべて独身であったということだ。本調査においては

既婚者と出産・育児経験者はほぼ重なっているので，正確にそれぞれの影響を分けて分析することはできないが，この頃の職務に対する思いのもち方は，結婚や出産・育児と無関係ではないようだ。

　K先生の語りは，このことを考えるうえでの示唆を与えてくれる。教員歴7年目から勤めた高校で，彼女は担任の仕事が「楽しくてしょうがなく」，「大変だったけれども，子育てはそっちのけで」何度も担任を繰り返した。というのも，女性教員が珍しかった当時，進学校だったこともあって最初は「家庭科に担任なんかもてるか」と言われ，担任をさせてもらえなかった。しかし，ひとたび担任をもち，生徒とも保護者とも信頼関係を築いていく中で「担任が面白くて」たまらなくなったのだという。

　K先生の担任の仕事への熱中は，その前に担任経験を奪われてきたことが生み出しているように見える。このことが示唆するのは，担任として生徒と関わることに行き詰まりを感じるにも，それまでに十分なだけ生徒と関わってきた時間が必要だということだ。結婚して育児と教職とを両立してきた女性教員たちは，できうる限りの努力で職務に関わりつづけてきたものの，それでも同世代の男性教員や独身の女性教員と比較すると，生徒と向き合う時間や業務をこなす時間を同じだけ確保できないことが多かった。周囲が負担を積極的に軽減してくれる場合もあったことはすでにみたとおりである。その中で，生徒たちに未だ関わり足りないという感覚をもつ女性教員がいることは当然といえよう。さらに子育てなど家庭生活との綱渡りの中で，行き詰まりを感じる余裕そのものもなかったとも考えられる。おそらく多くの既婚女性教員にとって，家庭責任の重さによって中堅期の壁の到来は遅れていて，管理職へのすすめを受けた時点でその壁を経験している人は少数なのではないかと考えられる。

4　まとめと考察

　本章では協力者の新任期から中堅期の経験とそこでの力量形成をみてきた。協力者たちは教員歴10年目頃までにおいて，まずは目の前の子どもに学び，教科に関する組織的活動の中で学び，校務分掌の中で学んできた。そして教員

歴10年目頃から，主任の仕事を任されたり，管理職のもとで改革の遂行に携わったり，研修の機会を得たりと，責任と経験の幅を大きく広げていった。

教科の中でも家庭科や保健体育科は，とくに新任期において他教科よりも力量形成の機会に恵まれ，人脈が有効に機能していた。また，分掌の中でも生徒指導の分掌は，とくに保健体育科や家庭科の教員が，女子生徒を指導する役割を期待され，そこで自負と力量を育ててきたこともみえた。

これまでの女性学校管理職研究・女性教員のキャリア形成の研究において，家庭科や保健体育科といった特定の教科の影響が明確に論じられたことはなかった。これは先行研究が小学校・中学校を対象とし，さらに小中学校を併せて扱うものがほとんどであったため，今回高校を対象としたことで初めて明確に立ち現われてきたのだと考えられる。高校における教科ごとの男女の担任比率の偏りは統計調査にも現れており，そのことは河上婦志子（1999）などが指摘してきているが，管理職比率の偏りなどと同列に「ステレオタイプな特性論による性別役割分業」の影響を受けたものとして扱われるにとどまり，管理職昇任のメカニズムの一部を形作るものとして描き出されては来なかった。今後の女性管理職登用を推進するうえでは，これまで家庭科，保健体育科に偏在してきた力量形成の機会を，いかに他教科の教員にも組織的に整備していくかがひとつの条件となるだろう。

生徒指導については，小中学校の女性校長経験者へのインタビュー調査を行った杉山二季ら（2005）が，とくに中学校において進路指導や生徒指導に関する力量が重視されており，それが女性教員が管理職になることを妨げる一要因であることを指摘していた。そこでは「力」による男性的管理を望む学校文化の問題が示唆されていたが，本研究では特定の教科担当と結びついた形ではあるが，女子向けの生徒指導という一定のニーズが女性教員の活躍の場を提供してきたという側面も明らかになった。ただし，協力者の中では女子生徒担当として生徒指導の分掌を担ってきた人が多いにもかかわらず，生徒指導主任に就いた人はいなかった。生徒指導を統括する主任となると，やはり「力」による男性的管理が期待されていることも本調査の重要な発見である。

協力者たちが経験した主任職は学年主任と，教務主任が中心だった。ほかに

進路指導主任，保健部長の経験者がいた。小中学校の女性校長への質問紙・面接調査を行った高野良子・明石要一（1992），小学校の「上席」と呼ばれる最年長女性教員に対する質問紙調査を行った明石・高野（1993）は，とくに教職の専門性も管理職としてのリーダー性も高いタイプの女性校長に，研究主任，学年主任，教務主任といった主任職の経験が多いこと，管理職になることを選ばなかった「上席」女性教員には，女性校長と比べて研究主任，教務主任経験が少ないこと，これらの主任経験がその後のキャリアの分岐点になることなどを見いだしていた。

主任等の経験が重要であるのは，確かにそれらの仕事によって力量が育つからである。協力者たちは主任の立場で，あるいは主任以外であっても改革を実行する立場に立ち，そこで学校全体を見る視座や教員間の調整の仕方などを獲得してきた。これらが管理職に向かう重要な力量形成の場であることは間違いなく，女性にこれらの経験の機会を広げることの重要性が確認された。

加えて本研究からは，これらの主任職とそれ以前のステージとの接続の問題が浮かび上がってくる。協力者たちの多くは，主任以前に主任職の遂行のために必要な力量を蓄積してきた感覚はなかった。多くの場合，学年主任や教務主任の仕事は，「年齢」によるものとして，あるいはのちに控えた管理職登用のためのものとして，与えられて拒否することができない段階で受容されたものだった。主任以前のステージと主任との接続は不明確で，自ら進んでこの仕事を買って出たり，積極的に引き受けていこうとする自信は彼女たちに育ってきていなかった。田中義章（1991，1994）や，明石・高野（1998）の小学校教員を対象とした質問紙調査からは，若い女性教員の管理職志向が同世代の男性教員と比べて低いことが明らかである。主任以前の段階にある女性教員に，のちの主任の仕事を意識させ力量を蓄積させるための経験を積極的に整備していくことが，女性管理職を増加させるうえでの重要な課題となるだろう。

家庭生活と教職生活の両立の難しさは，小中学校を対象とした先行研究においても繰り返し指摘され[3]，管理職昇進を果たした女性がそれをたくましく乗り越えてきたことが描かれてきた。仕事を辞めたいと思った経験のある女性校長の割合は，育児経験者のほうが独身者よりも高く（高野・明石 1992），職業継

続の困難がここに存在していた。しかし女性校長たちは家庭においては主に実母・義母の支援によって家事や育児の負担を乗り切り，職場においてはほかの教員と対等に仕事をこなそうとしてきた（杉山他 2005）。本研究でも，これらの先行研究で描かれた姿と同様に，育児経験者たちが自らの身体も顧みず多忙な生活をなんとか乗り切っていたことが確認された。そこでの苦労は大きく，少なくとも彼女たちの教員時代にあっては，独身を貫くか，その困難を乗り越えられたものだけが女性管理職になってきたのだということもできる。現在，職場や家庭における性別役割分業意識は未だ残存するところはあるものの，協力者たちの育児期と比較すると育児休業制度は利用しやすくなり，男性が育児に参加することも増加してきている。この点に関していえば，女性管理職増加への好材料が出てきているようにみえる。

　しかし，家庭生活との両立が職業継続を脅かすことが減少したとしても，教師の力量形成という面に光を当てると，また別の問題がみえてくる。学校の業務への負担を軽くすることは，育児期にある女性教員の教職継続に不可欠であるものの，職務に限定的な形で参加することによって，結果的に力量形成のタイミングがずれる可能性が示唆された。育児経験のある女性教員たちには，自らの力量に対する客観的な把握，視野を広げたいという意識は独身の女性教員や男性教員と比べ，少なくとも同じタイミングでは現れていなかった。

　内地留学の機会に名乗りを上げたものの，「年齢的にもうちょっと若くないとみたいな話を頂いた」と語ったG先生は独身だったが，女性教員のライフステージの進み方の見通しの立ちにくさ，多様性を考えるとき，現在までに用意されてきた研修制度のデザインがそれに十分に対応しきれていなかったことが示唆される。官制研修については，すでにある程度の管理職への道を意識することができている教員にとっては大きな意義のある経験だったものの，家庭の状況がそれを受けることを許さないためにその機会を逸した協力者も少なくなかった。女性教員のキャリア形成を考えるとき，力量形成の機会は柔軟で多様なタイミングと形式で用意される必要があるだろう。学校から離れて行われる研修が実質的に管理職登用へのふるいとして機能し，その受講の可否が女性たちの経験を分断してきたのだとしたら，家庭の事情によってその機会がえが

たい多くの女性教員たちが，学校を離れずに力量を形成したり視野を広げたりできるような，校内における研修などの機会が整備される必要もあるだろう。

　最後に，すでにいくつかの研究で指摘されていることであるが，家庭責任との両立の困難というものが，女性が管理職になることの単なる足枷ではなかったことは強調しておきたい。確かに，本研究においても女性教員の力量形成の機会が，家庭責任によって脅かされる場面があることが描き出された。しかし他方で浮かび上がってきたのは，家庭責任と職業生活の両立の困難さが，一部の女性教員にとっては自らを鼓舞し，力量の形成や成長の糧としても働いてきたという複雑な現実であった。もちろん，困難をそのようなプラスのエネルギーに変えることができる女性教員は恐らく多くはなく，そうした個人的資質を備えた女性教員しか管理職を目指すことができなかったのは登用システムの構造的問題である。それに加えて，このような女性教員のキャリアの複雑さは，家庭生活を私的な事柄として職業生活から分離することが，従来の男性のキャリアを標準化した見方にほかならないことに改めて気づかせてくれる。女性教師にとっての家庭生活は，ときには職務上の成長をも支えうるような，職業生活に不可分に食い込んだものであったのである。

注
1）行政職の中で「教頭格」への昇任を経験している先生もおり，そのような昇任が最も早い先生は教員歴 19 年であった。
2）最も若い協力者が採用された後の 1983 年学校教員統計調査をもとに，高校における各教科担任の女性教員数・女性教員割合を計算すると，家庭科担任 7,984 人中 7,414 人が女性（92.9％）であり，保健体育科担任 23,716 人中 3,745 人が女性（15.8％）である。担任をもつ教員総数 234,812 人中 38,216 人が女性（16.3％）であることと比較すると，家庭科の女性比率は突出している。なお学校教員統計調査において，教科担任の男女教員数に関するデータは国公私立計のみの公表となっており，さらに教科別の構成比が示されるのみなので，上の実数は国公私立計の高校教員数×担任ありの教員割合×各教科担任の構成比によって算出した。
3）青木朋江（2000）など。青木は女性校長経験者である。

引用・参考文献

青木朋江（2000）「女性が管理職になるうえでむずかしいこと」『教職研修』増刊号
明石要一・高野良子（1993）「『上席』女教員のライフスタイルの研究」千葉大学教育学部研究紀要，第41巻，第1部
明石要一・高野良子（1998）「『子育て』期の教職生活—30歳前後の女性教師の心の居場所と教職行動—」
河上婦志子（1999）「女性教員たちは平等になったか？」『女性学研究』5
杉山二季・黒田友紀・望月一枝・浅井幸子（2005）「小中学校における女性管理職のキャリア形成」東京大学大学院教育学研究科紀要，第44巻
高野良子・明石要一（1992）「女性校長のキャリア形成の分析—職業生活と意識に関する全国調査を中心として—」千葉大学教育学部研究紀要，第40巻，第1部
田中義章（1991）「管理職（校長）志向に関する男女教員格差」『社会学論叢』112
田中義章（1994）「現代女教師の職業意識に関する覚書—平成六年山形県下小学校の場合—」山形県立米沢女子短期大学紀要，29
山﨑準二（2002）『教師のライフコース研究』創風社

第7章

プレ管理職期

　前章の新任・中堅期は，教職を継続した者にとって，キャリア形成上，20年前後に及ぶ力量形成期となる。次いで，管理職の道を選ばず，「教壇教師」あるいは「生涯一教師」としての道を選択した教員の大半は，その中堅期を経て，ベテラン教師として円熟期を迎える。他方，管理職の道をあゆむという選択をした者は，中堅期を経て管理職期に入る。本章では，後者，すなわち管理職の道をあゆむことになった現・退職の女性校長たちの中堅期後期，すなわち管理職少し前を「プレ管理職期」として捉え，管理職の道の受容のダイナミクスに注目する。

　文部科学省が，3年ごとに報告している「学校教員統計調査」平成19年度版によると，2007（平成19）年度については，高校教員（234,278人）の中で校長職（5,116人）にある者の割合は2.2％（男性2.9％，女性0.4％）である。小学校の5.6％（男性12.0％，女性1.6％）と比較すると，高校の管理職率は男女ともに高いとはいえない。また，各章で言及しているように，公立高校長に占める女性校長率は4.8％に過ぎない。このように，プレ管理職期は，誰もが通過するキャリア形成期ではない。プレ管理職期にはどのような教職行動が求められ，管理職と非管理職の分岐点は何かを探ることに，本章の意義と役割があろう。

　具体的には，管理職の道の受容に関わる先行研究を検討したうえで，現・退職を含む18人の公立高校の女性校長へのインタビュー調査に基づき，①管理職の道をあゆむことになったきっかけは何か，何が管理職への契機となったの

か，②管理職の道のすすめをどのように受容し，③どのような家庭の理解や協力を得られたかについて検討する。

第2部冒頭の「インタビュー協力者のプロフィール」に示したように，インタビュー協力者18人の内訳は，県教育委員会（以下，県教委）などの地方教育行政職経由タイプ10人と，行政職非経由タイプ8人である。プレ管理職期とは，指導主事や管理主事や社会教育主事としての行政への異動，県からの推薦により，地域の中核として教育に取り組む教職員を育成する目的で行われている教職員等中央研修への派遣，主幹教諭や教務主任などさまざまな主任を経験するキャリア形成期である。まさに，教職生活における中堅後期に位置づいている。

表7-1 インタビュー協力者の主なキャリア

先生名	主なキャリア
A先生	家庭科教諭→行政職→校長→行政職→校長
B先生	理科教諭（学年主任）→行政職→教頭→校長
C先生	家庭科教諭→行政職→教頭→校長
D先生	英語科教諭（学年主任）→行政職→教頭→校長
E先生	家庭科教諭→行政職→教頭→校長
F先生	数学科教諭→行政職→教諭（教務主任）→教頭→行政職→校長
G先生	家庭科教諭→行政職→教諭→行政職→教頭→校長
H先生	家庭科教諭→行政職→教諭（教務主任）→教頭→行政職→校長
I先生	保健体育科教諭→行政職→教頭→行政職→校長
J先生	家庭科教諭→行政職→教頭→校長
K先生	家庭科教諭→教頭→校長
L先生	家庭科教諭→教頭→校長
M先生	保健体育科教諭（教務主任）→教頭→校長
N先生	国語科教諭→教頭→校長
O先生	保健体育科教諭（保健部長等）→教頭→校長
P先生	理科教諭→教頭→副校長→校長
Q先生	理科教諭（進路指導部長等）→教頭→校長
R先生	社会科教諭→教頭→校長

注）行政職：県教育庁（指導課，高校教育課，教職員課等），県総合教育センター等
　　（　）：教諭時代の主な校務分掌上のキャリア

教職生活20〜30年目頃の40歳代後半にあり，彼女たちの多くが管理職試験の受験を決め，試験準備期あるいは試験に挑戦している時期に相当する。

表7-1「インタビュー協力者の主なキャリア」には，協力者の管理職になるまでの主たるキャリアを記しているが，本協力者18人の管理職への道は細かくみると18通りあるといってよいだろう。以下では，特定のキャリアに偏ることがないよう配慮し，中堅後期，すなわちプレ管理職期のあゆみに焦点化して検討する。

1　小中学校教員の管理職への道

本論に入る前に，公立小中学校の女性校長を対象とした，筆者らが実施した調査研究を以下で整理しておこう。女性教員は，管理職という職位とどのように向き合ったのだろうか。

まず，「女性校長のキャリア形成の分析」（明石・高野 1992）（以下調査1）をみてみよう。調査1では，女性公立小中学校長の管理職登用までのキャリア形成過程を「初任期」「30歳前後」「管理職少し前」「管理職としての現在」の4つのステージで捉え，各期の教育観や仕事観の変化を探っている。その結果，キャリア形成の視点からは，望ましいリーダーシップ型管理職が育つためには，プレ管理職としての教務主任，調整能力や組織の成員の自発的姿勢を作り出す学年主任や研究主任などの主任経験が，有効性をもつことを実証的に明らかにしている。併せて女性校長の4類型（リーダーシップ・ヘッドシップ・プロフェッショナル・フォロアーシップ型）を析出し，社会性と専門性のどちらも高く備えているリーダーシップ型は，研究主任・学年主任・教務主任の3つの主任経験が総じて高いことなどを導き出している。また，高野（1991）は，調査1では得られなかった女性公立小中学校長の職業生活と意識を，14人という限られた人数ではあるが聞き取り調査により補っている。この調査では，「管理職になった契機は何か」に焦点を当て，質問紙調査では得られなかった力量形成過程を具体的な事例に基づいて分析を試みている。結果，「研究授業の授業者になる」や「日々の学級経営」，「内地留学で専門性を深める」「附属学校で

の授業実践や勤務経験」などの勤務実績や教職経験がとくに評価されたこと，つまり，高い教職の専門性の獲得が結果的に管理職への契機となっていることを明らかにしている。加えて，女性校長はよき上司や恩師との出会いを有していることから，メンターの重要性が教職についてもいえる点や主任などの機会を与えられたら積極的に挑戦する仕事姿勢の重要性も指摘している。

　次に「『上席』女教員のライフスタイルの研究」(明石・高野 1993)(以下調査2[2])を取り上げる。この調査2からは，「管理職への道のすすめ」に対する女性教員の対処には特徴がみられた。たとえば，「上席」にある519名から得た回答では，2人に1人（261人，50.3％）が「管理職になることのすすめを受けた経験がある」にもかかわらず，そのうちの93.6％（244人）が「すすめを拒否している」ことが明らかになり，キャリア形成に消極的な女性教員像が浮き彫りにされた。

　3つ目の「『子育て』期の教職生活」(明石・高野 1998)(以下調査3[3])では，30歳前後の女性教員を3つのタイプに分け，教職行動を中心に子育て期の教職生活の課題を探っている。3タイプとは，DEWKS（共働き子どもあり），DINKS（共働き子どもなし），SINGLE（独身）である。

　子育て期にある女性教員のキャリア意識や管理職への意欲についての結果では，「管理職の道をすすめられた時の対処」をたずねると，「そのつもりで努力する」と回答した「努力派」は2割と少なく，8割が「拒否派」で圧倒的多数を占める。調査3の対象者の6割が教職年数10年未満である点も考慮に入れる必要はあるが，管理職への昇進への意欲の乏しさは明白である。

　また，「女性校長低率要因に関する一考察」(高野 1999)において，女性校長の低率要因は，女性教員のいかなる教職行動と連動するかを，上記3つの量的調査を手がかりにして分析を試みている。それによると，管理職の道へのすすめを拒否する女性教員の仕事姿勢，主任引き受けへのアスピレィションや主任等の経験率の低さが，結果として女性教員を単線型キャリアに導くとしている。

　また，女性教員を対象とした研究においては，女性教員は就業意欲・継続意欲が高く，結婚後の継続率も高いという結果を得ているが，管理職に関しては断然男性教員の方が意欲が高く，結果としてリーダー層は男性に偏っている（田

中 1991)。それゆえ,女性は教職内部において,職階という地位表示の尺度上は低位に位置するといえる。

それでは,女性教員の管理職志向を妨げている要因は何か。これまでの実証的研究においては,意識の低さ,半専門職としての現状への満足感の高さ,安定志向の強さ(天野 1976),家庭役割の負担,昇進を例外視する社会通念などが挙げられている。加えて,「折り合い行動」(神田他 1990),「システム内在的差別」(河上 1990),私事化傾向の浸透(油布 1994)などが,管理職へのアスピレィションの低さを解明するうえでの有効な概念枠組みとして提案されている(神田他 1985,真橋 1996)。

上述のように,管理職へのアスピレィションの低さと女性教員の具体的な教職行動,つまり,組織体における役割行動,あるいは教育行為や教育活動・教育姿勢・教育観との関連を探った研究の蓄積も十分とはいえない。また,女性教員の力量形成過程や組織体のリーダーの成長過程を体系的にとらえたものも依然として少なく(耳塚他 1988,杉山他 2004,女子教育問題研究会 2009),高校はこれまでほとんど対象とされてこなかった(村松他 2010)。ここに,高校を対象とした本研究の意義を見いだすことができよう。次節ではインタビュー調査に基づき,女性公立高校長たちを管理職へと導いたプレ管理職期におけるキャリア形成過程に着目していく。

2　高校教員の管理職への道

上記の先行研究では,管理職へのすすめを拒否する女性教員の仕事姿勢,主任引き受けへのアスピレィションや主任等の経験率の低さが,結果として女性教員を教壇教師という単線型キャリアに導くとしている。

それでは,現退職の女性高校長を対象とした本調査ではどうだろうか。彼女たちのプレ管理職期における何が管理職への契機となっていたのか,また,彼女たちは,管理職の道へのすすめをどのように受け入れたのだろうか。家族や周囲の支えは女性校長たちのキャリア形成にどのような影響を与えたのであろうか。

(1)「存在力」と「めぐり会い」

　B先生（行政職経由）は，40代で前任校をあわせて，3年間学年主任をつとめている。その学年主任3年目に校長から，「次は県教委に異動になるであろう」と，廊下ですれ違った時に言われる。県教委への異動は，管理職へのステップになる。そこで，管理職の道のすすめを受け入れた理由を尋ねてみると，明快な答えが返ってきた。

　　少なくとも，そういう流れを，止めてはいけないでしょう。だから自分が望む訳では無いけれど，後から来ようとする人の道は，作っておかなければいけないか，っていう，それ一筋ですよね。（中略）女の人にもっていったら断るっていう風ではいけない，出来ないことは出来ませんって言うけど，周りから，出来るよって言われたことは，やってみるべき。

　B先生は，学年主任としての仕事振りが校長に評価されたことが契機となり，県教委への異動に繋がったと考えられる。女性の学年主任がまだ少ない1990年代に学年の要となる主任になったことで，学年と学校全体を捉える力を備えていった。つまり，校務分掌をとおしての力量形成がB先生の大きな「存在力」となったといえる。加えて，B先生の力量を見抜いた勤務校の校長との「めぐり会い」も不可欠な要素である。

　G先生（行政職経由）の場合は，教員10年目の頃に内地留学に応募している。選には漏れてしまうが，県から声がかかり，長期研修に出るという学びの機会を得る。その3年後には家庭科の指導主事となり，それを経て再び学校現場に戻り，県が推進する特色ある学校づくりの一翼を担うことになり，そこでリーダーシップを発揮する。やがて，勤務校の校長から教頭への推薦があり，管理職の道を歩むことになる。

　「めぐり会い」という観点からは，G先生自身が，「県の高校再編があったから，女性にもチャンスが与えられた」と分析をしているように，指導主事経験に加えて，高校改変期に身を置いたことのもつ意味は小さくない。同時に，G

先生の仕事を適切に評価してくれた意味ある上司，すなわち校長の役割も大きいといえる。

同様にＩ先生（行政職経由）は，中堅期に「中央研修」に出る機会を得る。後に，その時の校長は，Ｉ先生に次のように管理職試験の受験をすすめてくれたという。

> 中央研修に行ったのだから，管理職試験受けんといけないね。せっかくその研修に行っているのだから，（身に）付けたものは必ずどこかで活かさないと。管理職になりたいとか，なりたくないとかの感情を抜きにして，受けなさい。女であるとか，ないとかそれも別。しんどかったら，その時に，大変だということを言えばいいんだから。

Ｉ先生は，「そうだなあ」と，管理職の道を歩むことを潔く決める。管理職の道を歩むことは，重い決断には違いない。しかし，上手に決断させてくれた上司との出会いによって，次の道が開けていったのである。

Ｎ先生（非行政職経由）の場合は，子育て期には，会議の途中で退席を余儀なくされる場面などがあり，「どこでもここでも謝っている様な状況ですから，随分自信をなくしてましたね。」と語っている。子育て期の時間的物理的制約により，思う存分仕事が出来ないもどかしさを抱えながらも，「小論文指導」で力を発揮し，「小論文指導だったらＮ先生」と評価され，教科という専門分野で頼れる存在になる。そして，Ｇ先生同様に，教員としての中堅期が高校再編期と重なり，新設校準備副委員長として，立ち上げ時からメンバーに加わることになる。そして，管理職の道を歩むことになったきっかけを，次のように振り返っている。

> 新設校準備委員会で，一生懸命やっている人がいるなぁっていう風には思われたのだと思います。新設校準備委員会がなければ，（管理職に）到

底ならなかったでしょう。

　G先生同様に，N先生にとっての「めぐり会い」は，高校改革期に遭遇したことにある。また，国語科教員としての専門性にかかわる「存在力」が，次へのキャリアステップとなった。
　それでは，管理職への道のすすめを拒否した人はいなかったのだろうか。
　M先生（非行政職経由）は，40代半ばの教務主任時代に，上司から教頭試験をすすめられている。しかし，その頃は教科と生徒が中心で，管理職までは考えていなかったので1度は断っている。その後も何度か声をかけられたことで受験を決め，2年目に合格し，管理職の道を歩むことになったという。
　M先生にとっての「存在力」は，1校1人のポストである教務主任時代に築かれたといえよう。教務主任として，教育編成や教務主任レベルの教職員との連絡・調整，クラスや学年への指導助言を行うという重要な役割を担ってきたといえる。この企画調整力という力量形成が次なるステップを導いていった。

(2) 受容の決断

　L先生（非行政職経由）の場合も仕事振りが評価され，勤務校の校長から管理職試験を受けてみるようにすすめられた。それも教員の道と考え，教頭試験を40代半ばから数回受け続けた。

　F先生（行政職経由）は，通算8年間，教務主任経験と2回にわたる行政経験を経て管理職となっている。そこで，F先生に仕事に対する考え方をうかがうと，次のように答えてくれた。

　　（県教委へ）行けって言われたらば，嫌とは言わないというか。ま，やってもらいたいと言われれば，嫌だとは言わない。そういうつもりっていうほどの強いものじゃなくて，まあ，言われたものはやるものだなっていう風な気持ちもあった。教務主任も早い遅いという差はあったにしても，まあ，自然と受け入れたような感じですね。

F先生には，仕事姿勢に対する潔い決断力がはっきりとみられる。

(3) 家族や周囲の支え

　管理職の道のすすめに応えようとする時，あるいは応えるべきか，すすめを断るべきかの判断に悩んだ時，現在管理職にある協力者たちの家族は，どのように彼女たちの背中を押してくれたのだろうか。40代後半に差し掛かっていたとしても，子育てからは完全に手が離れる年齢ではない。高校や大学受験や，思春期の悩みを自身の子どもたちとも共有することが求められる時期でもある。同様に，彼女たちの配偶者にあっても，管理職期あるいはキャリアを重ねることが期待される年代であろう。また，親の看護や介護の問題とも無縁ではなかったであろう。

　協力者の語りを分析する前に，2章で若干触れているが，戦後第1号となった各県の女性公立小学校長たちと家族との関係を文献から捉えてみよう。第1号の大半が，教頭職を経ずに教諭から一足飛びに校長になった者たちである。既婚者を例に取ろう。兵庫県第1号の萩原幽香子は，「校長に推され県教委に呼ばれた。帰宅後，夫より先に姑に相談し賛成を得た」と自叙伝に書いている（萩原 1975）。相談順序が逆になった理由はこうである。「もし，校長になれば，家のことは今までのようにはやれなくなるだろう。そうなった時，誰よりも姑に助けてもらわねばならない」という考えからであったようだ。そして，辞令をもらう日は「姑の心づくしの赤飯」と「夫の自転車」に送られて県教委に出向いたのであった。

　大分県第1号の伊藤コウも，「81歳になる母が何くれと面倒をみてくれている」と語っている[4]。また，この第1号登用にともなって，1947年から1949年までに「初の夫婦とも校長，いわゆる共管」が，石川県，山梨県，高知県に3組誕生したことも判明した。少なくともこの3県の3家族は，私的立場を超えて，この前代未聞の人事異動を受容したことになる。このように，既婚者の場合も，校長職に就く妻または嫁をもつという現実に対応できる夫や家族が背景にあったのである。もちろんそこには，女性自らが職業を継続するための家庭環境を整備する能力をもち，努力をしていたであろうことは想像に難くない。

家族の理解や協力を得るに値する本人の意欲が先行したことはいうまでもないであろう。

　それでは，18人の協力者の場合は，どうだったのだろう。順風満帆の恵まれた家庭環境にあったのだろうか。決してそうではなかった。たとえば，子の入院や登園拒否，あるいは中学生の子どもの不登校に心を痛める日々を過ごした協力者もいた。行政勤務で帰宅が遅い時期と親の介護が必要な時期が重なり，体力的にも厳しい苦悩の日々を過ごした協力者もあった。

　表7-1にみるように，本協力者の10人は，管理主事や指導主事あるいは社会教育主事として県教委等の経験を有していた。事業内容やその時期によっては，22時，23時まで帰れない日もあるといわれている。それを裏づけるかのように，B先生も，夫から「しかたがない，教育委員会に貸出の身分にするヨ」と言われ，大いに励まされている。

　また，行政職経由の協力者の一人は，当時，人事異動の時期には，「深夜まで続く集中作業，いわゆる『キャンプ』があった。」と述べている。主婦でもある女性が連日深夜まで勤務することは，家族の理解がないと難しいことである。日常的ではないにしろ，このような働き方が求められることも，女性が管理職になるという決断を躊躇する，あるいは管理職になることを阻害する要因の一つとなるであろう。

　A先生は，教職生活15年目の頃，出身大学の先輩から家庭科の指導主事の試験を受けるようにすすめられた。第2子がまだ小さかったこともあり迷ったようだが，幸いにも実家の協力が得られたこともあり，試験を受ける決心を固める。それから行政勤務が15年間続き，校長で転出する。

　D先生も，40代後半で県教委勤務を命ぜられている。学校勤務と違う環境に身を置いた当時を次のように振り返っている。「県教委に入った1年目は，家事は何をしたかというと，洗濯を干しただけ。」「娘は，自分でお弁当を詰めて学校に行きました。」と語っている。そして，食事の準備のかなりの部分を引き受けてくれた娘と料理ができる夫を称え，「毎日鍋でも有難かった。」とい

う感謝の言葉で締めくくった。

　このように，思う存分働ける環境を作ってくれた家族や周囲の協力は大きな支えとなったに違いない。18人の協力者も世間一般のさまざまな問題を抱え，それを乗り越えてきている。プレ管理職期は，平坦な日々ではなかった。

3　まとめ

　以上，総合的にいえば，協力者の中堅後期，すなわち管理職の道へのすすめに応えた女性校長のプレ管理職期には，「存在力」・「めぐり会い」・「受容の決断」が必要不可欠な要素となっていた。併せて，思う存分働ける環境を作ってくれた家族の協力，温かい言葉とともに背中を押してくれた家族の支え，家族の家事スキルの獲得を含む生活的自立も必須条件といってよいだろう。

　「存在力」とは，教育者としての人間性はいうまでもないが，職務を遂行する能力であり，「めぐり会い」とは，個人の力量を的確に評価する人物との出会いや時代の要請との出会いである。すなわち，男女を問わず優秀な教員を引きあげる，あるいは管理職や主任等は女性に無理と考えない上司との出会いが重要であった。また，「受容の決断」とは，教職生活の中堅後期におとずれる管理職の道へのすすめをいかに肯定的に受け入れるかであり，最終的にはキャリア形成上の分岐点となる。インタビューの結果では，単に職業継続にとどまらず，管理職も視野に入れた働き方や，「試験を受けてみないか」と声がかかったときに，多少の戸惑いがあるのは当然としても，それに応える選択をした者が，管理職の道を歩んでいったといえる。

　全員について列記できなかったが，これまでに述べた校長たちには，共通してそれら，すなわち「存在力」・「めぐり会い」・「受容の決断」が総合的に備わっていたといえよう。

注
1）調査期間は，1990（平成2）年6月末日から同年7月末日まで，調査法は郵送

による質問紙調査法により全国の女性公立小中学校長1,009人を対象に実施し，641人から回答が得ており，63.5％という高い回収率であった。
2）調査2は，千葉県下公立小学校で管理職を除く「上席」と呼ばれる最年長女性教員819人（有効回答519人）を対象に実施したものである。1992（平成4）年2月に調査し，519人（回収率63.4％）からの回答の集計結果をまとめたものである。ここでは，校長や若手教員との関係から「上席」の4つのタイプ（「あねご肌型」，「こじゅうと型」，「知恵袋型」，「学級王国型」）を析出した。女性校長とこの4つのタイプを比較してみると，「あねご肌型」が教務主任経験率をはじめ，初任期および現在の仕事の姿勢などで女性校長と最も近い熱心な仕事姿勢が浮かび上がった。
3）調査3は，千葉県下公立小学校859校の28歳から34歳の822名の女性教師を対象に，平成8年3月に実施し，431名（回収率47.2％）から回答を得た。
4）『大分合同新聞』1948年4月1日

引用・参考文献

明石要一・高野良子（1992）「女性校長のキャリア形成の分析」『千葉大学教育学部研究紀要』第40巻
―――（1993）「『上席』女教員のライフスタイルの研究」『千葉大学教育学部研究紀要』第41巻
―――（1998）「『子育て』期の教職生活」『千葉大学教育学部研究紀要』第46巻
天野正子（1976）「職業と女性解放―専門職業化論と女性解放論の一接点―」お茶の水女子大学心理・教育研究会『人間発達研究』創刊号
河上婦志子（1990）「システム内在的差別と女性教員」女性学研究会編『女性学研究』第1号，勁草書房
神田道子・平野貴子・木村敬子・清原慶子（1990）「性役割の変動過程を説明する『折り合い行動』概念」女性学研究会編，前掲書
神田道子・西村由美子 他（1985）「『女性と教育』研究の動向」『教育社会学研究』第40集，東洋館出版社
女子教育問題研究会編（2009）『女性校長のキャリア形成―公立小・中学校校長554人の声を聞く』尚学社
杉山二季・黒田友紀・望月一枝・浅井幸子（2004）「小中学校における女性管理職のキャリア形成」『東京大学教育学研究科紀要』44
高野良子（1991）「女性校長の職業生活と意識」『総合教育技術』12月号，小学館
―――（1999）「女性校長低率要因に関する一考察」『日本女子大学大学院人間社会研究科紀要』第5号

田中義章（1991）「管理職（校長）志向に関する男女教員格差」日本大学社会学会編『社会学論叢』No.112
萩原幽香子（1975）『幽香子』，67/223
真橋美智子（1996）『現代日本における女子教育研究の動向』大空社
耳塚寛明 他（1988）「教師への社会学的アプローチ―研究動向と課題」『教育社会学研究』第43集，東洋館出版社
村松泰子 他（2010）「公立高校の女性管理職に関する研究―管理職の現状分析―」『国際ジェンダー学会誌』第8号
油布佐和子（1994）「現代教師のPrivatization(3)」『福岡教育大学紀要』第43号

第8章

管理職期

　本章では，管理職として学校に勤務し始めた時期からインタビュー時までをみていく。インタビュー協力者のほとんどは，すでに各都道府県「女性初」の管理職ではない。とはいえ，公立高校の女性管理職はまだまだ少ないことから，今後，女性管理職が定着していくかどうかが，彼女たちの肩にかかっているとみることもできる。そこで，本章では，彼女たちの教頭や校長としての働きぶりや，それを取り巻く環境などを中心に検討していく。その現状を明らかにすることで，女性管理職を増やす制度の整備や運用にあたっての重要な示唆を得られると思われる。

　今回のインタビュー協力者のうち，教育委員会や教育センター等での勤務経験がある教員（10名）は，その間に，「教頭格」や「校長格」などの職位を得ていた。このことから，行政機関在職中に管理職としての格を得ることが，キャリアパタンのひとつとして存在していると考えられる。

　ところが，インタビューを通して，管理職登用のシステムが都道府県によってかなり多様であることがわかった。管理職登用試験が制度化している自治体もあれば，そうではなく抜擢されるしくみのところもある。また，制度化していても，校長の推薦が必要な自治体がある一方で公募制の場合もある。また，どのようにして管理職になったのか，明瞭な記憶がない校長も多く，当事者にも見えにくいシステムであったことがうかがわれた。さらに，各都道府県の現行の管理職登用システム以前に管理職となっている協力者も多い。そのため，本章においては，管理職に就いたきっかけとなる公的システムについては触れ

ないこととし，教頭，副校長や校長として学校に勤め始めたことをもって管理職期とすることにした。ただし，行政経験や教務主任を経験する中で，いずれ管理職となる日が訪れると予期していた教員もおり，管理職試験の有無とは別に，特定の職位や校務分掌の経験が管理職へのステップとして捉えられている傾向がみられたことは記しておきたい。

以上をふまえて，協力者のキャリアをみると，教員として採用されてから初めて管理職として学校に勤務するまでの経験年数（行政経験も含む）は23〜31年で，その時期は1998年から2005年の間であった。教頭としての勤務校数は0〜3校，校長としての勤務校数は1〜3校で，2〜3年間の勤務の後に異動している者が多い。管理職としても複数校を経験して定年を迎えていくことがわかる。

以下では，管理職として初めて務めた学校の特徴や教頭や校長としての仕事内容を捉えながら，「女性」の管理職であることの意味を吟味することで，女性管理職が少ない背景を探るとともに，女性管理職を増やすために有効な方策を見出したい。なお，本章で扱う時期は，女性校長の勤務する高校がおかれている文脈に依拠した個別のエピソードなどが多く含まれる。ゆえに個々の学校や校長が特定されることのないよう，第6・7章とは異なり，協力者の語りが誰のものか記載していないことを予めお断りしておく。

1 教頭としてのスタート

ここでは，学校管理職を教頭からスタートした17人が管理職として初めて勤務した学校について，インタビューをもとに整理していく。ほぼすべての協力者は，管理職は，勤務校に関する希望を出せるわけではなく，内示があればそれを引き受けるものだと認識していた。「学校というのは仕事場」であり，教育公務員として命令に従うのは当然のことだというのである。そうはいっても，管理職としてのスタートが切りやすい学校に配置されるといった配慮がはたらいたと感じている協力者もいた。確かに，最初の教頭を務めた学校についての語りの中には，親近感をもちやすい学校や比較的管理しやすい学校に赴任

していることがうかがわれた。以下ではそれらをみておこう。

(1) 親近感

　最初の教頭職を経験した学校としてあげられたのは，過去に勤務経験のある学校や，本人の出身校などである。
　たとえば，17人中の3人が，教諭として勤務した経験のある高校に赴任している。こうした学校で教頭を務めることについて，協力者の一人は，校長や教務主任が以前勤務していた時から変わっていないことで，やりやすかったと語っている。また，「全く知らないところにいくと」「現場の先生と校長さんの間をつな」ぐ役である教頭を務めることは，「大変かもしれない」と話す協力者もいた。また，中学校で行われた高校説明会で，夫婦ともに教え子だった保護者と再会して感動したという語りもある。このように，教職員や地域住民の中にまったく知り合いのいない環境で孤軍奮闘せずにすんだことについて，安心感をもつと同時に，仕事がやりやすいと捉えられている。
　また，最初の教頭経験が自身の母校である協力者も複数いた。母校の管理職としてスタートすることは，本人にとって喜びであるだけではなく，受入れ側にも喜ばれるようである。たとえば，ある協力者は「母校で勤務できるっていう，なんかこう嬉しさもありますし。同窓会のみなさんも喜んでくださいまして」と語っている。ほぼ同様の語りは他の協力者らからもきかれた。
　このように，過去の勤務校や本人の母校など，親近感をもてる学校から管理職を始めることは，新たなスタートを切るにあたって抱くと思われる心的距離を縮める効果があるようである。それは，教職員や地域の中に旧知の人々がいることによる安心感としてだけでなく，仕事のしやすさとしても認識されていた。そのような意味では，女子校や元女子校，女子生徒が多い学校や家政科の伝統がある高校も，それらの要素がない学校より女性管理職と周囲が相互に親近感をもちやすく，比較的好スタートを切りやすいと考えられる。
　このように，勤務経験のある学校や自身の母校への配置は，教頭としてのスタート時に限ったことではなく，その後に教頭や校長として勤務することになる学校にもみられる。女性への配慮であるかどうか，本研究で明らかにするこ

とはできないが，男性管理職との比較や行政側へのインタビューによって今後，検討していく必要があろう。

(2) 管理しやすさ

　教頭として最初に勤務した学校の組織特徴をみると，校長以外の管理職が複数いた点をあげることができる。具体的には，教頭二人制の学校や副校長もいる学校，また，複数の学科や課程に教頭がいる学校などで，今回のインタビューでは数人の先生が該当した。複数の管理職がいることは，責任をもつべき管理の規模と範囲が特定され，意思決定の際の責任の重さも分散されると考えられる。管理の規模と範囲が特定されているという点では，通信制や特別支援学校なども同様と考えられるが，これらの教頭から管理職をスタートしている女性もみられる。このように比較的管理しやすいとみられる学校で教頭職を経験する傾向があるように思われる。

　複数の教頭がいる学校では，管理上のやりやすさだけではなく，教頭としての力量形成に役立ったと捉えているケースも見られた。たとえば，教頭同士が話し合えるような環境があって有意義だったとする語りがあった。また，教頭二人制の学校で，一年目に生徒指導担当教頭を経験し，二年目に教務担当教頭を経験するのが慣例となっていたことによって，同時に両方を遂行するより特化した仕事に集中的に取り組め，一年目のときに二年目の教頭から仕事内容を引き継ぎながら自分なりの工夫ができたという協力者もいた。このような経験は，校長として全体を見渡すときに役立つと思われる。

　なお，勤務校が自宅から近く通勤が楽であることは，初めて管理職に就く場合の心理的・物理的障壁を小さくすると思われるが，家庭役割に配慮して，女性は通いやすい高校に配属されていると感じている協力者もいれば，女性でも単身赴任があって配慮はなかったとする協力者もいた。今回のインタビューにおいては，この点についての受けとめ方は，まちまちであった。

(3) 変革への期待

　以上のように，女性教頭たちは，親近感を抱きやすく比較的管理しやすい高

校から管理職をスタートする傾向がみられた。しかしその一方で，やや困難をともなう学校に，明確で重要なミッションを示されて配置されているケースもみられる。「改革」「再編」「新校」など，変革を生みだしたり，その定着を任される立場として，初めての教頭職を経験している先生も多いのである。

　たとえば，新校準備担当教頭であったり，新しいタイプの定時制の教頭であったり，県内初の中高一貫教育の実施校であったり，福祉など新たな社会的ニーズにあう学科を立ち上げた学校の教頭であったりする。再編にしても新設にしても，単なる前例踏襲ではない新たなビジョンの作成が必要なため，いろいろなアイデアを出したり議論を重ねたりする労力と時間がかかる。そしてその過程においては，学内のみならず学外との調整が欠かせない。従来の学校に思い入れがある人々との摩擦が生じたり，逆に伝統に誇りをもつ卒業生や地域の人々が喪失感を抱いている場合もあり，何事もない時期に教頭として赴任するより，はるかに課題が多い。

　ある協力者は，そういう中に「がっちり成果を上げて，みんなで，よおしっていう風にして統合されよう」という心意気で，教頭職として飛び込んでいく。地域社会だけでなく教員の中にもある「(統合には)納得していない」という心情を変えていくことは，大きなチャレンジであると思われるが，それを教頭として成功させ，その後も統廃合が必要な学校の管理職を務めている。また，連携型の中高一貫教育を行うことが決定しているのに，「協力しない」という態度の中学校長がいる学校に教頭として赴任した協力者もいる。手探りながらも「子どもが幸せに」ということを念頭に置いて関係を作り上げ，最終的には地域の中学校長たち数人と「友達」になれたと話した協力者は，さらに，義務教育を管轄している地教委とも良好な関係を築き，小学校や保育園の卒業式などにも招待されるようになっていく。この例のように，抵抗勢力ともいえる周囲を徐々に巻き込んでいく経験を教頭時にしたのは，半分程度いたとみられる。

　このように変革が必要な学校では，新しい学校づくりを成功させなくてはならないという明確なミッションがある。教頭職としてそのような高校からスタートした女性たちは，学内外の複雑な人間関係の中に入り込んで，抵抗勢力ともいえる人々ときちんと向き合い丁寧に説明することで，そのミッションを果

たしていく。これらの新しい学校の立ち上げにかかわる経験を通して，校長をやりたいという気持ちにつながった協力者もいた。校長としての仕事については後に述べることとして，その前に教頭としての仕事について具体的にみておきたい。

2　教頭としての仕事

　先にみたように，女性校長たちは，人間関係上も管理上も比較的やりやすい学校で教頭職をスタートさせているが，改革が必要な高校である場合もあった。ここでは，実際に彼女たちがどのように教頭として仕事をしてきたのか，あるいは，教頭としての仕事をどのように捉えているか，みていきたい。インタビューからは，教頭二人制の場合や，副校長がいる場合，また学校規模や学校ランクによって，教頭としての仕事内容にも幅があることがうかがわれたが，ここでは共通すると思われるものを取り上げていく。

(1) 調整役

　インタビューにおいて，教頭の仕事として多く挙げられたのは，「調整役」という言葉である。校長も教頭も，管理職としてマネージメントにあたっていると話しているのだが，その内容は異なっており，教頭は校長と教員の間を調整するという重要な役割があると認識されている。

　たとえば，ある協力者は，「先生方はこういう風に考えてらっしゃるけれども，校長先生のお考えはこうだ」ということを整理し，相互に伝えるのが教頭の仕事だと話し，そのためには情報収集が重要だったという。「生徒はどうなっているとか，先生たちはどうお考えとか，地域はどうなっているとか。色んな会合に出て行っ」て，そこで得た情報を「精査して」，「校長と事務長さんと私たちで共有して，じゃあ，どういう風にもっていこうかねぇなんて話」をしながら調整するのだという。他の協力者も「校長の意思を汲みながら，教職員の立場に入りながら，そこをどううまくこなすかっていうのが教頭の仕事」と話している。「判断力と調整力」と捉えている協力者も，とくに「調整力」に関し

ては「教頭が一番負っている」と語った。それは,「学校内の諸問題を直接的に職員室の中で把握をして,いち早く察知して,いち早く手立てを立てて,さっさと職員を指導して,問題を大きくならないように」するというような仕事である。

このような立場について,「サンドイッチといわれているように,上からも下からもということで,大変。そういう意味ではクッション材なのかなぁ」と話し,「教頭がいちばんしんどい」と振り返る協力者もいた。なかでも,教科の独立性が強い伝統校などでは,教員が職員室ではなく教科の準備室に出退勤するために把握しづらく,教頭としての調整が簡単ではなかったことがうかがわれた。調整には目配りが必要だが,教科が独立していると個々の教員が見えにくく,状況の把握や必要な手立てがスムーズに進まないのである。その意味では,調整役としては,学校や教科のもつ独自の教員文化を見抜く力も必要だと思われる。

そうした調整役を経験しているうちに,「教頭のままいるっていうのはつまらない」と思うようになり,学校を経営する校長になる意欲をもつようになったという協力者もいた。

(2) 教科や生徒への思い

上述したように,教員と校長の間を調整する経験を通して校長のやりがいを理解するようになる教頭もいるが,生徒に近い分,校長より楽しいと語る教頭たちもいた。生徒との距離は,授業担当の有無に大きく左右されると考えられる。教頭が授業を担当するかしないかは,自治体や学校規模によって異なるようだが,授業をもっている場合には,生徒とも近いだけでなく,授業者という立場では他の教員と同じ土俵にいることになる。教頭と対生徒関係や対教員関係は,一教諭のそれとは違うものの,その間の線引きは授業をしない教頭より緩やかなものとなろう。たとえば,教頭でありながら5時間の授業をもっていた協力者は,大変だと思ったが,「でも,実際に,やっぱり授業に出ると本当にうれしい」と目の前の生徒と授業を通してかかわる喜びを語っている。

一方,授業をもたない教頭たちからも,教科や生徒への思いが語られた。あ

る協力者は,「授業がないのがもっともショックだった」「何かぽかっとこう抜けたような気がして」と教頭として赴任した当初を振り返り,同じ教科の教員が休んだ時に,代わりにこっそり授業した経験を思い出深く語った。「理科の伝道師」として教育をまっとうしようとしていたこの協力者にとって,授業こそがやりがいの場であり,教頭になって「授業したらダメだよ,許さないよ」と校長から授業を禁止されてもなお,その思いが強かったことがわかる。

これらの彼女たちの語りにみられるのは,管理職になるということが,教科へのこだわりや生徒との関わりと断絶するのではないことである。制度上の位置づけはともかく,生徒や教科への強い思いは,管理する立場となっても維持されており,教えることと管理することとは,必ずしも対立するわけではないと捉えられている。この点を象徴している教員夫妻の論争を紹介しておこう。管理職への一歩を進み始めることとなる協力者に対して,管理職は教師ではないとする夫は「なんのために教師になったのか」と問い詰める。教師と管理職の間の断絶が前提された問いなのだが,協力者は「(管理職になっても)私は教師だ」と反論する。この論争が繰り返されるのは,教えるという仕事と管理するという仕事が,根源的な葛藤を含んでいるからであるが,協力者はこの葛藤を受け入れない。ここには,managementとteachingがトレードオフの関係にあるのではなく,managementはteachingの延長上にも形成可能だという認識が示されている。

授業に限らず,学校への思いは強い。行政や研修センターなど学校以外での勤務経験をもつ協力者たちのほとんどは,生徒もおらずチャイムもならずグランドも見えない職場で,教師とはまったく別の仕事にあたっていると捉えていた。そして,彼女たちは,学校に異動となった時のことを,「学校に戻れた」喜びとして語る。授業をもたない教頭として赴任した場合でも同様だった。学校を離れている間,「最後は学校で終わりたい」と思い続けていた彼女たちにとっては,たとえ授業をもたない教頭であっても,学校に戻れたこと自体が喜ばしい出来事なのだ。

とはいえ,授業をしない教頭の中には,改革を実行するための任務に夢中になっている間,生徒や教科への思いを封じ込めたり,一時的に忘れていたとい

う語りもある。任務によっては，教科や生徒への思いと教頭職の両立が難しいことがうかがわれる。つまり，management と teaching がトレードオフの関係にあるということになる。筆者が実施した他調査において，ある男性校長が「授業や部活動を通して生徒と関わるのが得意な先生やそれに大きな価値を置いている先生が管理職を目指さないのは，生徒や教科への思いとの調整ができないから」と話しているのは，この点をよく表している。

　このように，教頭のもつ教科や授業への思いは，学校組織の中での教頭の位置づけによって違いがあるようだが，今回の協力者たちは，teaching と management が錯綜する教頭時代を乗り越えて，校長になっていく。校長への一歩は，教頭職となることから始まっていたはずだが，教頭職は，ともすれば，「教師」であるという根底を揺さぶりかねない。「教員になりたかった」彼女たちは，教頭に登用されることを，どのように受けとめていたのだろうか。次でみておきたい。

(3) 教頭登用の受けとめ

　先に述べたように，教頭としての勤務校は本人が希望を出して決まるのではない。そうではなく，各自治体の教員育成や管理職登用に関する人事方針や慣例，暗黙の了解が背後にあると思われる。そのルールは，自治体の規模や学校数，設置学科の比率や私立との競合状況，学校間格差の度合いなどの影響を受けるであろう。また，それらに男女共同参画の視点が入っているかどうかも，女性管理職の登用に影響すると思われる。女性教頭たちが自身の登用をどのように受けとめていたか，具体的な語りを通してみておこう。

　ある協力者は，自身の教頭登用の背景を2点挙げた。1点目は，女性管理職を増やそうという行政側の動きがあったことで，2点目は公立高校の改革期にあたって改革がやれる人として女性や若い教員が現場から登用されたことである。2点目の「改革がやれる人」とは，これまでのしきたりや人脈に縁のない教員たちを意味している。「女性初」ではないものの，まだ「〇人目」と数えられることの多い女性管理職は，改革に適した非・従来型人材として期待された側面がなくはないのだろう。実際にこうした学校の教頭として赴任した協力

者が多かったことは，すでにみたとおりである。

　1点目に挙げられた女性管理職を増やそうとする行政の意図が自身の登用に作用したと受け取っている協力者は他にもいた。数値目標を掲げて女性管理職登用を推進する行政に「踊らされてるんです，わたしたち」と笑って語る協力者や，「アファーマティブ・アクションかもしれない」と謙遜する協力者もいたが，行政側の意図を否定的に捉えてはおらず，後続の女性教員たちのひとつのモデルとして管理職を楽しもうとする傾向がみられた。このような学校における女性管理職の登用は，実は2点目に挙げられた高校改革と無縁ではない。生徒の多様化に応じた学校づくりや高校の特色作りを進める改革は，教員や管理職の多様性に対するニーズも高めるからである。管理職への女性の登用が明文化されていなくても，高校教育の改革そのものに，女性教員および管理職を増やす必然性が内包されていると考えられるのである。裏を返せば，それらがなかった時期には，優秀な女性教員がいても，管理職としての登用を後押しする契機や意図があまりなく，女性管理職が生まれにくかったと推察される。

3　校長の仕事

　前節では，教頭としての振り出しや，教頭の仕事内容をみてきたが，彼女たちはすべて校長となっている。ところで，学校教育法第7条には，「学校には，校長及び相当数の教員を置かなければならない。」と記載されている。ここから，校長とその他の教員の間に明確な線引きがあることがわかるが，その線引きは，校舎の中でも同様である。インタビューにうかがうわれわれが通されるのは，校長室である。校長のためだけに存在するその空間は，職員室との間に壁があり，大きく立派な執務机のほかに，複数人が座れるソファがある。学校によっては，額縁に入った歴代校長の写真が飾られている。そこには，正装した格式高い雰囲気を醸し出す男性たちが並んでいて，女性の写真を見ることはめったにない。校長室は，学校の中で特別な場所である。それは，学校の中での校長の位置を象徴している。

　本章は，このような特別な地位に就いた女性たちの，校長としての仕事や管

理職観を捉えていく。ここでは教頭を経験せずに校長となった協力者を含む18人の語りをみていく。

(1) 責任

校長ともなれば，教頭に比べればはるかに大きな権限をもち，その責任も重いが，教頭との違いについて，ほぼ全員が，管理職としての校長は，最終決断者としての重みがあり，教頭とはまったく違うと捉えていた。

ある協力者は「私がハンコついたらゴー」と校長印の重みを語り，別の協力者は，教頭がいくら言っても校長がダメだと言えばひっくり返ることもあるが，「(校長である) 私の発言っていうのは，ひっくり返らない。最後だなという重さを感じました」と発言の重みを語っている。また，学校が対外的な危機に直面し，右往左往する教職員をとりまとめた経験をふまえて「やっぱり校長の一言ですよ」と，校長の判断と責任の重さを話す協力者もいた。こうした具体的な場面をあげて校長職の重みが語られるほか，家族になぞらえて責任を語る協力者もいた。校長を，一家に対して責任をもつ「家刀自（いえとじ）」のようだと捉えているのである。教職員はもとより警備員や非常勤講師の働き方を，健康状態を含めて全部面倒をみるのが仕事だという。

このように，校長の責任の重さは教頭とは比較にならず，判断力や決断力が重要だと認識されている。そして，ひとりで判断し決定し責任をとるという過程で，孤独を感じることもあるようだ。「最後の責任をひとりでとるのは孤独」という語りや，「決断するってすごく大変なんです。で，結局孤独なんですね，校長って」という語りには，それが表れている。さらに，自分ひとりで下した判断が良いかどうか「これでいい？」と誰かに聞きたくてもそれができない，振り返っても誰もいない，そういう状況が怖かったと話す協力者もいた。性別に関係なく生きてきたと自負していたこの校長は，初めて抱いた孤独感に，「私って女性だったかなってそこで気づいた」と語っている。後に，男性の校長経験者に男性も同様だと言われているが，初めて自分に「女性性」を内面化している面があると思わなくてはならないほど，校長の判断や決定には重みがあるのである。

とはいえ，この重みは，面白さと表裏一体でもあるようだ。ある協力者は「自分の考え，自分の夢を実現させる力をもてた」という意味で校長は面白いと話し，別の協力者は「教員だけで終わっていたら，子どもたちとの関係だけしか分からなかったかもしれない」が，多様な意見をもつ教員を束ね学校全体を把握する管理職は，面白かったと振り返る。また，「先生たちと（管理職としての）自分のダイナミックな感じ」に，さらなるやる気を掻き立てられたという語りもあった。生徒たちはもとより，多様な教員を束ねて学校全体の舵取りをしていくことに，面白さとやりがいを見出しているのである。
　以上みたように，校長の責任は重い，しかし同時に面白い。では，重くて面白い校長の仕事とは，どのようなものなのだろうか。次でみていく。

(2) 束ねる

　校長の責任の重さは，押印や発言という行為として語られた。しかし，当然ながら，「ハンコ」や「一声」で校長職が務まるわけではない。制度上の校長は，「管理」する立場である。そのため，校長として赴任するときには，前任者から得た情報や個人的に収集したデータをもとに，校長が目指す学校の方向性を，教職員に示す。校長には広い視野が必要であるとほとんどの協力者が語ったのは，適切なビジョンを示す必要があるからだろう。しかし，校長がどんなに優れたビジョンを描いても，教員がそれを受入れて動かなければ絵にかいた餅で終わってしまう。では，どのようにしてビジョンを具現化し，結果を出していくのであろうか。
　校長の多くが語ったのは，教員を管理するシステム作りやノウハウではなく，「人間性」や「心」を軸として教員を束ねる，ということであった。そして，その核となっているのは「生徒」であり，それらが重視されるのは教員という仕事の特異性に依ると認識されている傾向がみられた。具体的な語りをみてみよう。
　ある校長は「校長として言葉を言いますけど，その根底には基盤には，人間性がなければ，人としての部分がなければ，先生方も動いてくれない」と話し，別の校長は「やっぱり心ですよ，最終的には。その人（＝教員）をいかにね，認めてあげることができるかで，管理職」と話し，管理職には「生き方」や「仕

事に対する心構え」を語っていくことが必要だとする。他の校長も，「大事なのはね，校長じゃなくて，やっぱり人としてどうなのっていう部分」と話している。「校長」としてではなく，「人」としての在り方が重要だというのである。

一方で，彼女たちは，管理という言葉には否定的であった。「人間の管理だけをすればいいとか，管理だけのための管理職」という校長では，教員組織を束ねることはできないという認識は，ほぼ共有されている。

それにしても，目には見えない「人間性」や「心」によって教員を束ねる，それは一体，どのようにして可能となるのだろうか。先に校長の責任を「家刀自」になぞらえた協力者は，全構成員への日ごろからの目配りが重要だと話す。また，他の協力者らも，教員との普段のコミュニケーションが大事だと語っている。そして，彼女たちに共通しているのは，このような力は，校長になって急に習得するものではなく，一教諭として生徒とかかわってきた中で培われてきたという認識である。つまり，広い意味での teaching の経験が，management に活きているというのだ。

具体例として，運動部での生徒との関わりを例示した校長の話を挙げておこう。運動部の中には，その能力が高い子も低い子も，真面目に練習に取り組む子もそうでない子もいる。運動部である限り勝つことへのこだわりが強いのは自明のことである。しかし，だからといって，能力がない生徒や不真面目な生徒を切り捨てたりはしない。「ずっとベンチで試合に出られない子にも，チームの一員として３年間頑張ったという達成感を与える」ための対応や，「能力あるけどサボりの子が試合に出ることを周りが納得するようにどう鍛えるか」などを考えながら，チームを一つにまとめていくのである。このように，生徒一人一人としっかり向き合い，適切な指導を与える経験が，管理職になってからも役立っていると話す。「生徒のおかげで」人を見極める力がついたというこの校長は，校長という仕事がただの管理ではなく，多様な教員たちを包摂して束ねる仕事であるとも語っている。このように，教師として多様な生徒と関わった経験が，校長として教員を束ねていくことに連なるという認識は，他の校長の語りからもうかがわれた。教頭時代以上に，management が teaching の延長上にあると認識されているのである。

けれども，すべての教員と常時，良好な関係が維持できるわけではない。校長のビジョンに反発したり，抵抗したりする教員もいるからだ。そのため，やむを得ずトップダウンで進めた経験や，決定内容に対して組合から訴えられた経験をもつ校長もいる。だが，そんな経験をもつ校長たちですら，「人間性」や「心」が重要だとする。「生徒のために」真剣であるという気持ちが伝われば，意見や考え方の違いを乗り越えられるというのだ。
　たとえば，ある校長は「先生っていうのは普通の会社員とは感覚違うんですよね」と前置きをしてから，「本当に校長が生徒のために頑張っていることが伝われば，意見が対立していても理解してもらえるし，やる気を出してくれる」と語っている。同様の語りは，他の校長にもみられた。国旗国歌の問題で校長と対立していた男性教員が，行事の際に落ちていた国旗を直すために針と糸をもって飛んできてくれたというエピソードをもち出しながら，行事を滞りなく司ることが生徒には最善であるという思いは，主義や思想を超えて共有できるものだと強調した。「生徒のため」という校長の思いは，教員と解り合えるものであり，その共通の目標のためであれば，対立を超えて協働できると認識されている。だからこそ，生徒を中心に据えた教育のビジョンを示せることや，生徒に対する考え方を日頃から伝えておくことが重要だとみなされている。
　このような認識は，管理職に必要なものは何か，という問いに対する回答にもよく表れている。「教育に対するしっかりした考え方」，「子どもがいちばんで，この子たちがどうなるかっていう風に考える」，「子ども，それから教員を人間としてつかむ力」，「先生方のいろんな良さをさらに伸ばせる」などの表現で語られる管理職観には，校長が人として人に関わる姿が重なる。こうした特徴が顕著であった校長たちの話を紹介しておこう。

　　よく学校経営とかマネージメントとかいう言い方しますけど，あの，なんて言うのかな，そんなに意気込んで，会社みたいにやらなくても，生徒をしっかり見てたら，やるべきことは見えてくる。
　　皆が協力し合って，チームワーク，気持ちよく仕事できて，その気持ちよさが，さらにがんばろうっていうような気持ちに繋がっていくものでな

いとね，成果は出ないというかね，生徒の，生徒にとって，良い教育っていう風なものになっていかないのでね。

これらの校長の語りから，生徒をよくみて生徒のために良い教育をすること，そのための方向性を示して教員らを束ね，導くこと，が校長としての仕事だと捉えられていることがわかる。

(3) 結果としての管理職

ところで，今回のインタビューでは誰一人として，管理職を目指してきたと話した人はいなかった。「教員になりたかった」のであり，その気持ちは教員になってからも一貫していた。そのため，管理職になる可能性が高い行政職に異動したり，管理職試験の受験を勧められたりするたびに，「びっくり仰天」している。管理職になることを目標として努力を積み重ねてきたわけではない彼女たちが，教頭を経験し校長となったのは，なぜなのだろう。

さまざま語りがあったが，共通しているのは，頼まれたことを断らなかった点にある。「言われたことは「はい」といってやる主義」であるにしても，「優柔不断」であるにしても，仕事を頼まれたときに断ってはいない。教頭や校長になる前から，教科主任や教務主任や行政職などの依頼があれば，引き受けている。そして，その過程で，いろいろな考え方の人とめぐり合ったり，異なる仕事の仕方を編み出したりしながら，経験を増やし視野を広げてきたのだ。これらの経験によって自信がつき，別の新たな仕事を頼まれても意欲的に取り組めるようになり，教頭や校長もこなせているのだと思われる。

このように，目標としての管理職ではなく，結果としての管理職であった。もともと管理職になることを想定していなかった彼女たちは，当然ながら，校長としての特定のロールモデルをもっていなかった。そのため，ロールモデルとして挙げられたのは身近な校長であった。「目の前の管理職以外にあり得ない」「教頭のとき（に出会った他）の教頭と校長」「自分が仕えた校長」と話していることからもわかるように，自分自身が管理職に差し掛かったころに出会った校長らがロールモデルとなっているのである。

そして，そのほとんどすべてが男性校長である。この点については，2つの面から捉えておく必要があろう。管理職としてのモデルは性別に関係なくすぐれた点があればモデルになりうるという面と，そもそも女性の管理職に出会って来なかった面の両方である。実際に，「女性の校長を見たことがない」と語った校長がいるように，彼女たちが教諭時代に見聞きしたのは，40歳くらいでやめていく女性や退職勧奨で辞めていく女性であった。また，夫より先に管理職にはなれないとすすめを断る女性，そして男女平等の推進に努力しているにもかかわらず管理職を固辞する女性教員の姿であった。若い頃からロールモデルを想定して校長を目指してこなかったのは，構造的必然であったのだ。しかし，それでも校長になった。それは，教諭時代から頼まれたことを一つひとつこなすことで，着実に力をつけ，発揮してきたからである。そのような積み重ねによって，周囲の人々は，校長としてふさわしいと認めるようになったのである。

4　女性管理職として

ここまでは，教頭，校長に分けてみてきたが，本節では「女性」管理職であることに注目してみたい。まだまだ大半の管理職が男性という中で，彼女たちはどのような経験や考えをもってきただろうか。

(1)「女性」であること

教頭や校長の仕事をしていくうえで，女性であることはどのように作用したのか，みておきたい。

まず，周囲の反応として語られたことを挙げてみよう。進学校の場合には，「女だてらに教頭」という思いの教員がおり，信頼関係を作るまでに苦労した経験が語られた。「女だから早く（管理職に）なった」といわれた経験や「女だから力がないのになれたんだ」と言われた経験のある校長もいた。また，保護者から「女校長か」と言われたことがある協力者もいる。年配の男性教員と出かけた訪問先で，相手が自分ではなく男性のほうを見て話していることに気

づいたという協力者もいる。自分の方が管理職であることがわかると，相手は大仰に驚いたのだそうだ。

このように，「校長＝男性」という人々の思いこみによって不快な思いをすることは，いまだにあるようだ。一方好意的な反応もみられる。人事異動が新聞に掲載されるときに，女性は顔写真入りの場合が多いので，赴任後に地域の人々に挨拶に行くと「新聞で見た」と話がはずんだという語りや，伝統ある女学校から共学となった高校では，同窓会から「女性校長が来たっていうことで，とっても歓迎」され，学校に対して多大な協力を得られたという語りがあった。

また，日常的な業務の中で，「女性校長で助かった」と感じることがあると話す校長もいた。男性教員が男性校長に「所謂，学校経営一つにしても，バーンとぶつか」ったり，「あんた何を考えてるんだみたいな感じ」で闘いを挑むのを見てきたが，自分にはそのような態度でぶつかってこないと感じている。「だから，サラッと言って，やってね！って言って終わり。(笑)」で，「意外と得したかな」という思いがあるという。また周囲の教員が「主婦されてるんでしょ」と気遣ってくれて，遅くなった場合の最後の戸締りを引き受けてくれるなど，負担が重くならないように協力してくれると話す協力者もいた。

おそらく，「男だてらに校長」と言われたり「男性校長が来て喜ばれた」という経験をする男性校長はいないだろう。現時点では，拒否的反応であれ，好意的反応であれ，女性の校長であることは，性別という属性に関連づけて受けとめられていることが明らかである。

(2) 男性との違い

教員として働き続け，管理職になった女性たち。教頭や校長としての仕事内容や仕事ぶりは，男性と変わらないはずなのに，女性であることで注目されやすく，そのために男性とは異なる経験をしがちである。では，逆に，彼女たちは，同僚の男性教員や男性管理職をどう見ているだろうか。仕事の仕方や管理職になるまでのプロセスに男女の違いを感じたことは少なくないようだ。

男性校長の仕事ぶりに対する語りをみてみよう。男性の校長は人数も多いので，いろいろなタイプの人がいると思われるが，「横着する」「要領がいい」「生

徒をおろそかにする」などの校長がいると語られた。対する女性の校長は「まじめ」だと，多くの協力者が話している。

　また，男性は校長になることや校長会の役員になるなどの，管理職志向が強いという見方もされている。それは，積極性や意欲的であることへの好意的な評価というより，どちらかといえばマイナス評価である。たとえば，若いうちから登用試験を受けて不合格が続いてやる気を喪失してしまう教員や，管理職になるための有利な情報を派閥や学閥などのコネクションの中で得ていること，そして管理職になりやすいとみなされている校務分掌や主任を買って出ること，などが語られた。

　さらに，管理職に限らず，男性の長時間労働とそれを美徳とする風潮にもマイナス評価がされている。ある校長は，「24時間がんばるんですから，男性は。家に帰って洗濯をしなくてもいいし，食事を作らなくてもいいし，子どもが泣いてせがむこともないわけですから。」と話す。家庭責任を放棄して仕事に没頭する男性が多いことが，女性教員との違いであるという語りは他の校長にもみられる。だから，「家庭生活との両立をしながら仕事をする」女性には，「短い時間で効率のいい仕事をしなさいと。だらだら仕事をするのは，あの，時間のある人はそうすればいいのであって，あなた方にはそういう時間はないよと。」話しているという。「だらだら仕事をする時間のある人」は，言うまでもなく男性を指している。また，「奥様に全面バックアップで，仕事だけしている人（＝男性）よりも，（女性は）スケジュール調整もうまい」と話す校長もいた。家庭生活と両立させながら仕事をしている女性の方が，効率よく仕事をする工夫をしているとみている。

　そして，「長時間労働を美徳とする男社会のしくみ」にも，女性校長たちの批判が向けられる。「朝から晩まで，仕事をさせるようなシステムっていうのは，やっぱり，ある。」のであり，そのような働き方をしないと管理職になれないこと自体が問題であるという認識をする校長は多かった。

(3) 夫の成長

　上述したように「朝から晩まで」働くシステムは教員世界にも存続している。

その中で，彼女たちは管理職になっている。代替不可能な重責を担う校長職と家庭生活を，いったい，どうやって両立しているのだろうか。

彼女たちの語りから見えてくるのは，夫の存在である。結婚当初から，二人で家事等を分担してきた校長もいるが，多くは管理職になった頃から夫が家事をするようになったと話している。かつて，スルメとビールが夕食だった夫が，健康上の理由と「（妻の帰りを）待ってても食べられないことに気づ」いたことで，通信講座で料理を習得し，今では「料理の本の通りに出てくる」夕食が食べられるという校長。夫は亭主関白だからと，仕事をしながら家事すべてを一人でこなしてきた校長も，管理職になってからは，「夫と息子が家事をやってくれる」。しかも，自分よりうまいと話す。

校長になる年代というのは，子育て期が終了し介護期にさしかかるものの，比較的安定した高収入が得られる時期でもある。しかし，その経済力で家事をアウトソースしているのではなく，夫たちが家庭役割を担うようになっている。そのことを，彼女たちは「意外」であったと語っているが，それもまた彼女たちの思いこみかもしれない。夫や息子は，管理職として働く女性校長の立場を理解し，それを自分たちが家庭で活躍するきっかけにしている。かれらもまた，機会を与えられれば力を発揮するのである。

このように，女性が管理職となることは，職場での男女共同参画を進めるだけでなく，家庭での夫の活躍を促進し，社会のあらゆる場での男女共同参画をいっそう進める起爆剤となりうることが示唆される。

5 女性管理職を増やすために

最後に，協力者の語りを踏まえつつ，どうすれば公立高校の女性管理職が増えるのか，考えておきたい。

(1) 良かったこと

彼女たち自身が管理職になって良かったと思っていることを捉えれば，女性管理職を増やす方策のヒントになると思われたが，この質問に対して，何人か

の校長は「ないねぇ」と答え，何人かの校長は「自分にとってはなかった」と答えた。おそらく，すでに校長である彼女たち自身が良かったと思うことは，先に，校長の面白さややりがいとして語られた内容と重複するのであろう。そのため，改めて「女性」として捉え直す必要がないのだと思われる。しかし，彼女たちは，「女性」校長が社会的にもつ意義を語っている。

「女性でも校長ができるという，1つの，実績を作ることができつつある。」と話す校長や，「家庭ももちながら，（校長を）やらはったやん，やれるやん」ということが周囲に見える効果を話す校長がいた。このように，女性も高校の校長は務まること，家庭がある女性にもできることが示せたことを，良かった点として挙げている。とりわけ，生徒にとっての効果を語る校長もいた。「学校のトップが女性であること」は，とくに女の子にとって「こういう道もあるんだ」というモデルを示し，「これからの社会に出ていく子どもたちにとってプラス」だと話している。

高校の女性校長が少ない現状にあっては，その存在自体が，生徒や教員，保護者や地域社会に対するインパクトをもつと認識されている。では，彼女たちは，女性管理職を増やすためにどうしたらよいと考えているだろうか。最後にみておく。

(2) 今後のために

上述の質問に対して，ほぼすべての協力者が語ったのは「経験させること」であった。端的には主任等の経験を指しているのだが，代表的な語りをあげておこう。

> 能力のある人には主任をどんどんさせて，視野を広げて，もっといろんなポストができる人に育ってほしいという気がありますから，どんどんさせますよね。……学校の中で，男性と同じように能力を比べて，実績を比べて。そのポストを与えてこなかったから，ポストを経験しないと，視野は広がらないですよね。

ここで語られる主任等の経験が重要なのは、単に主任となるのが大事なわけではない。たとえば、教科主任は「教科を代表して校長先生にもの言わなあかん」経験をするし、「新しいことをやるときにはたいてい拒否反応を示す先生たち」を保健部長として「説得して回る」経験をする。そうした経験が管理職としての力量も向上させるという意味で、主任経験が重視されるのである。担任として過ごす日々は、「生徒を一人一人育てる」ことに「本気に」なっているので、「授業」「授業研究」「採点」で時間がない。しかし、主任を経験して「大きな問題に直面してはじめて、ああって、気づく」のだという。学校全体をみる力やシステムとしてみる力は、そうした経験によって培われるとみなされている。
　このことは先にみたように、「結果として」校長になった彼女たちだからこそ、強調するのだと思われる。自分の教科に軸足をおきつつ目の前の生徒の成長を支えることで得られる満足は大きいが、主任等を経験することで、より広い視点で学校を見ることに気づいたこと、それこそが彼女たちが管理職に足る力量を形成してきたきっかけである。だからこそ、女性教員たちに次のようなメッセージを送る。

　　いろんな仕事が寄った時に逃げるなよねって、それだけは思います。そうすれば、そこで力が発揮されるわけです。当然力があれば、力が発揮される。それは当然評価されるんですよね。場が与えられれば、当然発揮しますよ。だから、その時に、逃げなければ発揮すると思います。

　ここには、女性教員に対して、与えられた機会を引き受けてみると視野が広がって管理職のやりがいや面白さがわかるようになるというメッセージとともに、もうひとつのメッセージが込められている。それは、校務分掌や人事を決定する立場の人に対する、女性も経験させれば能力を発揮するのだから機会を与えよ、というメッセージである。女性教員だけでなく、登用する側の意識も重要だと指摘しているのである。
　もちろん、主任等の機会から女性が逃げず、管理職登用に処する機会を与え

ていくだけでは，現状が変化しないことを，彼女たちはよく知っている。そのために，育児期の両立を支援する制度の充実とともに，主任や研修を経験するタイミングが，育児期と重なって断らざるを得ない状況に追い込まないようにするとか，育児期のブランクをそのままにしないで復帰後に多くの経験を積ませるなど，運用上の工夫をすべきだとしている。

　以上は，学校内で多様な経験をさせることを重視する意見であるが，そのほかに挙げられたのは，管理職になるルート自体を多様化することであった。「所謂，教務主任しなきゃ，管理職になれないよ」というのではなく，「人物」や「力量」に応じて登用していくという行政側の意識改革も必要だと話す校長たちもいる。つまり，管理職登用のしくみを見直して，従来のルート以外からも登用できるようにすることが望ましいというのである。ただし，新たなシステムとしての公募制には否定的な見解もなされている。公募制は，一見すると公平公正に思えるが，女性が「手を挙げるっていうのは，なかなか難しい」地域文化や教員世界の中では，必ずしも優秀な女性管理職を生み出す最良の方法とはいえないからだ。それよりは，現場から優秀な教員をすくいあげるシステムの構築が重要だと話している。

　このように，従来の登用システムに多くの女性が入れるようにするだけではなく，登用システムそのものを変革することが，女性の管理職が増えることにつながると認識されている。このことは同時に，teaching と management をトレードオフの関係と捉えるだけでなく，teaching の延長にある management もありうると想定することでもあろう。彼女たちの経験に基づく見解を共有し，解決していくことは，教員のキャリア形成の多様化と社会のあらゆる分野の男女共同参画を同時に促進するための着実かつダイナミックな方策となるに違いない。

第2部　おわりに

　公立高校の女性校長経験者の経験について，第2部（第6章から第8章）での検討を通して明らかになったことを概観しよう。
　第6章では，協力者たちの新任・中堅の教諭時代の経験，とくに管理職への勧めや推薦を受けるまでの力量形成の経験に焦点を当てた。新任期には，目の前の子ども，教科，校務分掌における経験が教員としての力量形成に重要な役割を果たしたが，本研究の協力者たちの世代においては，力量の形成や知識の獲得，人脈の形成，教科の意義を捉える観点の獲得などの機会が，とくに家庭科や保健体育科の教員において豊富であったことがわかった。教員歴10年目頃，いわゆる中堅期に入った頃から徐々に主任経験，管理職とビジョンを共有する経験，研修の経験が協力者たちの力量形成の契機として重要度を増していくことがみて取れた。新任期，中堅期のいずれにおいても，女性教員が力量形成の機会に出会ってもそれに挑むことを阻む壁となるのが，家庭生活との両立という大きな課題であった。協力者の多くは管理職や同僚の配慮，家族の多大な協力等と自らの努力によってこれを乗り切ってきた。しかし周囲からの配慮が得られなかった協力者もいて，その場合は自らの忍耐と努力に頼るしかなく，多くの女性教員がこの壁を乗り切ることをあきらめてきたことが示唆された。また，主に独身者が感じた教職生活上の壁と，それを感じることのなかった育児経験者の存在からは，管理職の勧めを受け入れる土壌が女性教員の中に準備される時期は多様であり，それが家庭生活と大きく絡み合って生まれる可能性が示唆された。
　第7章では，プレ管理職期におけるキャリア形成に焦点を当てた。女性教員の管理職への移行，すなわち協力者が管理職を自ら志し，あるいは管理職へのすすめを受けた際の受容がどのように起こってきたか，そこに家庭生活がどのように影響したかをみた。協力者によって異なるが，中堅後期ともいうべき，おおむね教員歴20〜30年，40代後半頃の時期であった。管理職のすすめが協力者たちのもとに訪れるのには，「存在力」と「めぐり会い」が鍵になっていた。

校務分掌を通した力量の発揮，教科の専門的力量の発揮が彼女たちを管理職の目に止まらせた。そこには高校改革期という彼女たちが力量を発揮できる場面との「めぐり合い」も重要だった。すすめの受容には「決断力」が重要で，潔い決断力をはっきりと見せる協力者もいる一方で，上手に決断を促してくれる管理職との「めぐり合い」の重要性もみて取れた。プレ管理職期においても家庭生活との両立は協力者たちの課題であり続けた。教育委員会等の行政職における職務の多忙さは，彼女たちが異動を受容するか否かの決断や，職務の継続の可否を左右する大きな要因だった。

　第8章では，協力者たちが管理職としてはじめて学校に赴任してからインタビュー時までに焦点を当て，管理職としてのスタートの状況，教頭としての仕事，校長としての仕事をみてきた。教員歴24〜30年目，協力者たちの管理職のスタートは，教諭としての勤務経験がある学校や管理職の複数体制をもつ学校など，心的距離が小さく比較的管理しやすいという傾向をもち，何らかの配慮があるように思われた。その一方，高校の改革や再編などの明確な任務を負って配置されるケースもあった。教頭の仕事は多岐にわたったが，「調整役」としての立場は共通していた。一方で校長の仕事は，教頭の仕事と比較すると最終判断を下す責任の重みによって特徴づけられ，それが校長としての仕事の厳しさでもあり，面白さでもあった。ビジョンの実現のために，彼女たちはこれまでに形成してきた力量を発揮する。しかし彼女たちは自らの仕事を「管理」よりは，「人間性」や「心」で教員を束ねることとして捉えており，それらは自らのteachingの経験と連続し，そこから培われてきた力だとの認識もあった。

　協力者たちの語りは，女性管理職の少ない現状を支える通念を浮かび上がらせてもいた。彼女たちの仕事は，「女性」管理職のものとして，いまだ性別という属性に関連づけて受け止められている現状がある。家庭責任を放棄しながらの長時間労働を美徳とする「男社会のしくみ」に彼女たちは批判の目を向けてきたが，彼女たちが管理職になったことで夫たちが家事参加をするようになったことには彼女たち自身も驚いていた。女性が管理職になることは，多くのものを生み出していた。生徒，教員，保護者，地域社会に対しては，「女性も校長ができる」というインパクトを与えてきた。彼女たちの家庭での男女共同

参画が進んだのも，重要な副産物だった。
　今後に向けて，協力者たちは女性教員に経験を蓄積させることの重要性を挙げる。今回の協力者はすべて，早期からロールモデルを明確にもち目標として管理職を目指してきたのではなく，与えられた機会の中で着実に力量を身につけてきたことで，結果として管理職になった人たちであった。女性にさまざまな経験を与えること，そこから女性が逃げないことが肝心だとの認識が協力者たちに共有されていた。さらには登用のしくみ自体を多様化することも語られており，教師としての経験の蓄積が生きる登用システムを考慮に入れる必要もあることが示唆された。

終　章

今後に向けて

1　将来は校長というイメージ

　2010年度の全国の公立高等学校は3780校，その校長は3,662人，教員数は約18万人である。教員のうち校長になる確率は，およそ100人に2人ということになる。公立高校に新規採用された教員数は2010年度で5,243人である（学校教員統計調査）。その中の何人程度が，将来は校長になるだろうと漠然とでも思っていたり，校長になるという志向をもっていたりするだろうか。もちろん，高校の教員にとって，管理職になることがすべてではなく，生涯，教壇に立って生徒を教える立場であり続けたいと考える人は多い。それでも，これまで高校教員になった人のある程度の割合の人は，漠然と最後は校長で教職生活を終わるというイメージをもっていたのではないだろうか。

　ただし，それは長らく男性の教員に限られていたに違いない。いまだに，全教員の29.4％にとどまる女性の高校教員の中で，採用当時から，将来は校長という道もありうると考えていた女性は，いたとしてもごく近年になって登場したのだろうと思われる。

　ちなみに，小学校の校長の女性比率は2010年度現在18.4％となっており，近年の新規採用小学校教員も自分が小学生のときに女性の校長を経験している人もいるだろう。それでも，管理職志向をもつ小学校教諭が全体の17.5％で，男性が21.3％いるのに対し，女性は3.8％にすぎないというデータもある。高校教員については男女別データがないが，全体で7.5％であり[1]，管理職志向の

女性教員はさらに少ないと推測される。なお，2010年度の全国の公立小学校は21,713校で，校長が21,109人，教員数は約41万人だから，校長になる確率は約5％で高校の2.5倍である。

本研究のインタビュー協力者の現職・元職の公立高校長の女性たちは，男女雇用機会均等法のなかった時代に，女性にも道が開かれていた教員になったわけだが，採用されたときには，自分が校長になることをまったく想定していなかったと思われる。そのことを直接質問はしていないが，多くの人が中堅期にあっても，自分では管理職になるとは思っていなかったり，少なくとも「管理職になること」を目指して努力したというようには語っていない。実際，彼女たち自身は，自分が管理職になるまで，身近では高校の女性の管理職の姿に接してさえいない。

しかし，教頭などを経験してからは，校長をしたいという意欲をもった人や，あるいは校長と言われたらやってみようとは思っていた人もいる。そうした人たちも，ポストとしての校長を目指したというより，校長にしかできない仕事に魅力ややりがいを覚えてのことだったという。

いずれにしても，彼女たちの教育や生徒指導の実績，学校内のマネージメント能力などの実績を買われて，管理職に推薦されて，さまざまなルートを経て校長になっている。第2章で，日本でも点としての女性の高校長の歴史はかなり古いことをみたが，本書のインタビュー協力者は，ほとんどがもはや各県の初や唯一の女性校長ではない。彼女たちは，1999年以降に校長になっている。1999年には男女共同参画社会基本法が公布・施行され，翌2000年には男女共同参画基本計画が策定されている。男女共同参画社会の実現という国の方針が，自治体レベルでも追い風となった時代に，それに応えうる人材が当然ながら存在していたということでもある。

もちろん，本書で考察の対象にしたのは，校長というポストにたどりついた女性たちの証言であり，その陰に，校長になりうるのに，さまざまな障害要因のゆえに校長にならなかった女性もまた多数いたであろうことが推測される。それは，本書の協力者のインタビューのはしはしからも障害要因と合わせ，把握できるところである。

それらの障害を減らし，高校の教員の世界にも真の男女共同参画が進むことを期待したい。その意味では，本研究の協力者たちを含むこれまでの女性の校長たちの実績の上に，これからは女性が校長になるという選択肢がありうるとの認識が，男女の教員にも生徒にも，そして教育行政関係者の中にも，次第に広がるだろうことは，女性の校長の拡大を促進するだろう。

2　女性の校長が増えることの意義

　現在，国は「202030」という目標をかかげ，指導的立場にある女性の割合を2020年に30％にすることを目指している。2010年末に閣議決定された第3次男女共同参画基本計画では，教育に関する成果目標として，初等中等教育について教頭以上に占める女性の割合を2020年までに30％とすることを明記した。公立高校長の女性をさらに増加させることを目指すためにも，女性の校長が増えることの意義を改めて考えておこう。

　高校への進学率は男女とも95％を上回って久しい。一部の県に男女別学の公立高校が残るものの，日本の大多数の公立高校は男女共学である。本書の協力者たちが校長職にあった高校は，前身は別として，現職時にはほぼすべてが共学校である。

　その中で，生徒から見た学校世界のトップが女性であることは，男女の生徒にとって教育的に意味のあることだと考えられる。高校の教員の世界もまだまだ男性が多数派であり，男性教員が女子・男子を教えている構図の中で，女性の校長の存在は，女性のリーダーシップを女子も男子も経験できる機会となる。協力者の校長の中にも，女子への好影響を語った人もいるが，本人の自覚の有無とは別に，女子にとってはリーダーのロールモデルとなろうし，男子にとってもあらゆる領域での男女共同参画をごく普通のこととして受け止める素地となろう。

　校長のリーダーシップの質に男女の違いがあるかは，本書の分析だけでは明確なことはいえない。序章や第1章で，学校管理職に求められる能力として，教育実践能力（ティーチング）と学校経営能力（マネージメント）があること，

それらがどのような比重で管理職に求められるかは，国により，時代により，校種により違うことも見てきた。日本は，フィンランドとともに，ティーチングが重視される国であることが示されたが，国による違いは，学校のあり方や行政などとの関係を含む制度自体が，それぞれの国で異なることによる部分が多いだろう。そして，本書の協力者の女性の高校長は，ティーチングの経験を活かしたマネージメントを遂行している場合が多かった。もしかしたら，日本では，これは女性だけでなく，男性の校長の多くにも共通する傾向なのかもしれない。が，数多い男性校長には，これ以外のタイプもいるのに対し，今のところ少数派の女性の校長には，上記の共通した傾向が見られるということであろう。

　学校管理職に求められる能力とは別に，リーダーシップのスタイルとでもいうべきものが考えられる。本書の協力者の多くには，一人でグイグイと引っ張り，トップダウンでものごとを進めるというよりは，学校や教員全体に目配りしつつ，方向性を見定めてリードしていく傾向がみられた。学校運営にあたって，誰にもオープンで公平に対応するという傾向があった。

　社会心理学のリーダーシップ論として，三隅二不二のPM論がある。これは，集団の目標達成を志向する（パフォーマンス＝P）機能と集団維持（メインテナンス＝M）機能の要素を抽出したものである（三隅 1978）。前者は，目標達成を重視し，仕事量のことをうるさく言うなどの傾向であり，後者は，部下を信頼し支持するなどの傾向である。そして集団の効果と成員の満足度等からみて効果的なリーダーシップは，両次元とも積極的なPM型であることを実証している。

　これを参考にして，リーダーシップのスタイルを考えてみると，私たちの研究の協力者のインタビューからは，女性の校長のリーダーシップのスタイルは，メインテナンスを重視する傾向が強いのではないかと思われる。もちろん，男性の校長にもこうしたスタイルの人は多いだろうが，協力者の一人は，校長という職は女性にあっているかもしれないと語っている。

　しかし，このことは女性の校長にパフォーマンスの実績がないということではない。女性の校長は押しなべて着実な仕事をしているという評価も聞かれた。

さらに，学校の改革・変革を生み出すことを期待された女性の校長も少なからずおり，そして実績もあげている。従来の慣行や方法にとらわれずに新しく何かを生み出していくのに，女性のほうが大胆に取り組みやすかったということも考えられる。

その意味では，本書の協力者たちは，パフォーマンスとメインテナンスの両面に積極的という点で，理想的なリーダーシップを発揮している，あるいは発揮した人たちともいえる。

こうして見てくると，女性の高校長が増えることは，単に数の上で男女共同参画を達成するためということではなく，生徒への教育という面でも，これからの新しい高校教育を考えていくためにも大きな意義がある。女性の校長登用は，今後さらに積極的に推進すべきであり，またその力をもった女性の教員も少なくないと思われる。そうした女性たちが，管理職への道を避けずにすむよう障壁を低くしていくことがこれからの課題である。

3　将来の校長職と女性の校長

中央教育審議会に設置された教員の資質能力向上特別部会で，2010年以来，「教職生活の全体を通じた教員の資質能力の総合的な向上方策」について議論が行われている。2011年9月現在，まだ審議中で具体的な制度設計ができるのは，もう少し先のことになりそうだ[2]。その中で教員免許制度の改革の方向性として，学士課程修了で基礎免許状（仮称，以下同様）を付与し，修士レベルの課程修了等を要件とする一般免許状（仮称，以下同様）を義務づけることを検討するとされている。一般免許状は，学部・大学院を続けて修了して取得する道と，基礎免許状を取得し教員として採用され何年かの教職経験をした後に，必要な課程等を修了して取得する道が考えられる。

医師や薬剤師などと同じように6年一貫の課程を設定すると，それらの職業よりはるかに人数の多い教員に関しては，女性が現在よりも参入しにくくなる可能性もある。経済的には，大学院の学費を公的に支援するような措置がないと，家計の面で男性よりも女性への教育投資に消極的な傾向によって，女性が

すぐには大学院に進学しにくい恐れもある。さらに，女性のライフコースを考えると，学部＋大学院で学んでから，教員に採用され，一定の経験を積んでからでないと，妊娠・出産ができないと躊躇する場合もあろう。

その意味では，学部で基礎免許状を取得後，一度，実践経験してから，各自の人生設計の中で大学院へ行く時期を選択できるような仕組みが必要だろう。男女を問わず育児休業を取りにくい制度設計も避けねばならないだろう。一般免許状の取得を基礎免許状の取得後何年以内と定めるか，あるいは定めないのか，その点も慎重に決める必要がある。もちろん，女性の多くが基礎免許状取得後，すぐに教壇に立ち，男性の多くは学部卒業後，ただちに大学院で一般免許状を取得してから，教員になるというような偏りが出来て，それが一方に不利になるようなことがあってはならない。

また，専門免許状（仮称，以下同様）の創設も議論されている。専門免許状は，特定の分野について，より専門性と社会性を身につけていくことを支援する趣旨で，一定の専門性を公的に証明するものとされている。その区分としては，たとえば，学校経営，生徒指導，進路指導，教科指導，特別支援教育，外国人児童生徒に対する教育，情報教育などがあげられている。

専門免許状の取得を管理職登用条件のひとつとすることも考えられるとされている。もし，校長への道に，このような免許制度が導入されるならば，これは女性にとって，どのような意味をもつだろうか。本書の知見である多様な管理職ルートが必要という観点からすると，専門免許状の取得のための要件をどう定めるか，各種専門免許状間の流用性をどのように定めるかなど，今後の制度設計によるところが大きい。今後の議論を男女共同参画の視点から注視していく必要がある。

しかし，研修の積み重ねや大学院課程の履修などによる制度にすれば，現状よりは，女性が校長になるための追い風になるようにも思われる。現状では，暗黙の人間関係の中で人物評価，登用などが決まったり，公募制であっても女性は応募しにくいなどの状況があるとしたら，公的な証明がひとつの条件となることは，管理職への道の透明性を高め，そのことは女性がアクセスしやすくもし，ひいては女性が校長への道を想定もしやすくする可能性があるからだ。

もちろん，それだけでは克服できないさまざまなジェンダーにかかわる障害の克服が必須であることは間違いない。

注
1）序章の注9）参照。
2）以下の議論は，第5期中央教育審議会・教員の資質能力向上特別部会「教職生活の全体を通じた教員の資質能力の総合的な向上方策について（審議経過報告）」(2011年1月31日) に基づく。

引用・参考文献
三隅二不二（1978）『リーダーシップ行動の科学』有斐閣

あとがき

　本書を共同執筆したのは，男女共同参画社会の実現に向けた教育の役割について，いろいろな立場から関心をもち研究をしてきたメンバーである。何人かは，以前にも同じ問題関心から今回とは少し異なるテーマで共同研究をしている。数人が入れ替わった今回のメンバーで，2005年末頃から，先行研究などを学びながらテーマの検討を始めて以来利用しているメーリングリストは，本書の刊行までに実に約2000通のやりとりを記録している。共通の研究関心として学校管理職というテーマが浮上し，その中でも先行研究があまりない公立高校の女性の校長に焦点化したのは，2006年の夏頃だった。

　なかなか研究費を得られず，本研究の成果は学会誌への投稿論文をもっていったん集約しようかと考えていたちょうど1年ほど前に，出版の話がもちあがった。それで弾みがつき，さらに精力的に研究を進め，本の構成も固め，大学の冬休みと春休みに原稿を執筆という予定を立てた。

　このプロセスの真っ最中の本年3月，東日本大震災が起きた。本書のインタビューにご協力いただいた方の中には東北地方の校長先生もおいでになり，メンバーの中にも，現地で大地震を経験したり，被災地の出身で家族が被災した人もいる。しかし，それらのことを乗り越えて，なんとか出版にこぎつけることができた。大震災後の日本社会の再生にとって，教育の役割は大きい。これまでの価値観を見直し，多様な当事者の立場を尊重し支え合うとともに，自ら考え自ら社会を担っていく主体を育てていく教育が求められる。そうした教育の担い手や学校運営にあたる管理職も多様な人材があたるべきだし，女性の管理職のひとつの存在意義はそこにあろう。

　共同研究を行ってきた5年余の間には，メンバーも大学教員に採用されたり，所属や立場の変わった人もいる。個人的なことになるが，私自身も2010年4月から思いがけず学長を務めることになった。女性の校長研究と重なったのは偶然だが，本研究のインタビュー協力者たちの経験や思いは，「結果としての管理職」を含め，大学の「女性」学長である私の経験と重なることが多かった。

また，終章で触れた教員養成制度改革についての議論をしている中央教育審議会「教員の資質能力向上特別部会」には，私も委員として参加している。高校にも大学にも女性の責任者がふつうに存在し，教員養成課程で学ぶ学生も，ジェンダーの視点を身につけるのが当然という日が来ることを期待したいし，本書もそのために多少とも貢献するものとなることを願っている。

 本書は，日本の北から南まで広い範囲にわたる公立高校の女性の現・元校長のご協力によりまとめることができたが，今後，さらに対象県を拡大したり，男性の校長や都道府県教育委員会その他の行政関係者などにもインタビューを行い，今回の成果を踏まえ，さらに研究を深化させて継続していきたいと考えている。

 いまだ復興・再生には道遠しの大震災であるが，こういう時期の本書の刊行は，学文社の落合絵理さんの多大なサポート抜きにはありえなかった。偶然ながら，東京学芸大学の卒業生でもある彼女への執筆者全員からの感謝を記しておきたい。

2011年9月

編者　村松　泰子

索　引

あ　行

アメリカ合衆国　　24, 27, 29-38, 40-42, 44, 50
育児　　149, 151, 152, 154, 155, 158, 195, 196
育児休業制度　　150, 158
OECD　　26, 28, 29, 42, 43
OECD加盟国　　30

か　行

海外派遣研修　　142
学習指導要領　　15, 16, 56, 57, 137
学年主任　　11, 142, 143, 156, 157, 163, 166
学校経営　　144
家政科　　176
学級経営　　163
学級担任　　11
学校改革　　141
学校管理規則　　9
学校教育法　　53, 66, 183
学校経営　　8-10, 27, 44, 45, 91, 187, 204
家庭科　　15, 56, 57, 63, 66, 67, 132, 136-141, 143, 144, 147, 151, 154-156, 166, 170
家庭生活　　149, 152, 155, 157, 159, 191, 196, 197
カリキュラム　　9, 30, 32, 40, 45
管理職志向　　165
管理職選考試験　　89, 101, 133, 174
教育課程　　15, 92, 137, 145, 147
教育公務員特例法　　9
教育刷新委員会　　53
教育職員免許法　　9
教育職員養成審議会　　90
教育振興基本計画　　83-87
教員研修　　88, 90, 92, 94-97, 100, 105
教員歴　　42, 132, 134, 135, 145, 153, 155, 196, 197
共学　　56
教科研究会　　136, 139
教科主任　　138, 194
行政職　　132, 133
教頭　　63, 64, 66-68
教頭試験　　147
教頭二人制　　177, 179
教務主任　　16, 143-145, 156, 157, 162, 163, 168, 172, 175, 176, 188, 195
経験カリキュラム　　9
経験年別研修　　99, 100, 104
系統カリキュラム　　10
県教育委員会（県教委）　　55, 166, 168, 170
研　修　　45, 89, 91, 94-96, 99, 101, 105, 148, 149, 152, 154, 155, 158
研修会　　147
高校改革　　183, 197
高校教育課　　84
高校女性校長比率　　99
高校進学率　　5, 7, 16, 54
校務分掌　　15, 16, 59, 133, 139, 141, 142, 155, 166, 175, 196, 197
困難校　　6, 134, 140

さ 行

ジェンダー　36, 41, 43, 45, 90, 135, 140, 205
　——の視点　2, 35
ジェンダー平等　35, 44, 89
ジェンダー要因　108, 112, 113, 121
実践的力量　135
指導主事　63, 67, 170
10年経験者研修　91, 92
受験科目　15
出産　149, 150, 154, 204
主任　89, 91, 142, 146, 194
受容の決断　171
上席　156, 157, 164
女子高校（女子高）　55, 56, 176
女子高校長　63, 68
女子師範学校　51
女性教員　12-13, 18, 24
女性教員比率　48, 59, 61, 74, 75, 81, 83
女性教頭比率　81, 109, 111-114, 116-118, 121, 123, 124
女性校長会　86
女性校長比率　74, 75, 77, 80-85, 97, 100, 104, 105, 107-109, 111-114, 116-118, 121, 124, 125, 130, 161
女性公立校長第1号（初の女性公立高校長）　61, 62
初任者研修　91, 92
進学校　134, 143, 150, 155, 189
新教育指針　52
人材育成プラン　84-87
人事権　32
人事取扱　86, 87
新制高校　5, 7, 12, 13, 15
新制高等学校　53-55, 61
進路指導　142-145, 156, 204
進路指導主任　144, 156
スクールリーダーシップ　28, 32
成果目標　201
生徒指導　4, 6, 7, 15, 16, 99, 134, 140, 141, 143-145, 156, 177, 200, 204
生徒指導主任　144, 156
セクシュアル・ハラスメント　96, 99
積極的改善措置　88
積極的介入　17
積極的登用　84, 85
ゼロ県　49, 61, 62

た 行

タイトルⅨ　34
男女共学　54, 55, 64, 201
男女共修　15, 56, 57, 147, 154
男女共同参画　3, 17, 49, 84, 85, 88-90, 92, 94, 95, 100, 104, 108, 112-114, 116, 118, 121, 123, 124, 139, 182, 192, 195, 197, 200, 201, 203, 204, 206
男女共同参画基本計画　86, 88, 89, 200
　第2次基本計画　89
　第3次男女共同参画基本計画　89, 201
男女共同参画計画　87, 94, 95, 99-101, 104, 105
男女共同参画社会基本法　44, 61, 68, 88, 200
男女共同参画状況　125
男女共同参画推進　90, 117
男女雇用機会均等法　44, 61, 200
男女別修　140
単線型キャリア　69, 164
担任　134, 155, 194
中央教育審議会　203
　中教審答申　2
中央研修　147-149, 162, 167

通勤　　177
teaching（ティーチング）　　3, 10, 32, 33, 181, 182, 186, 195, 201, 202
登用促進　　101, 104
都道府県教育委員会　　9
都道府県別　　2, 19, 49, 73, 74, 77, 80, 97, 108, 125

　　な　行

2020年30％　　89
ネットワーク　　43, 136, 137

　　は　行

フィンランド　　24, 26, 30-36, 39-42, 44
部活動　　134
プレ管理職　　163
プレ管理職期　　161, 165, 171, 196
米国教育使節団報告書　　52, 53
別学　　55, 56

法定研修　　91, 92, 100, 104
保健体育科　　131, 132, 136, 138-141, 144, 156

　　ま　行

management（マネージメント）　　10, 32, 33, 181, 182, 186, 187, 195, 200-202
マネジメント能力　　91
民主化政策　　60, 68
めぐり会い　　166, 168, 171, 196, 197
メンター　　164

　　や　行

ユネスコ　　24, 41

　　ら　行

リーダーシップ　　27, 28
ロールモデル　　43, 188, 189, 198, 201

211

●執筆者紹介●

【編　者】

河野銀子（かわの・ぎんこ：序章・第8章）

1966年生まれ。1989年武蔵大学卒業。1996年上智大学大学院博士課程単位取得退学。現在，山形大学地域教育文化学部准教授。専門は教育社会学，科学技術とジェンダー。著書に，『理科離れしているのは誰か』（分担執筆，日本評論社，2004），『子どもと学校』（分担執筆，学文社，2010），『教員評価の社会学』（分担執筆，岩波書店，2010），論文に，「女子高校生の「文」「理」選択の実態と課題」『科学技術社会論研究』第7号（科学技術社会論学会，2009），ほか。

村松泰子（むらまつ・やすこ：終章）

1944年生まれ。1967年東京大学卒業。NHK放送文化研究所に勤務。この間，上智大学大学院博士課程単位取得退学。東京学芸大学教授を経て，現在，同学長。専門は社会学・女性学。編著に『理科離れしているのは誰か：全国中学生調査のジェンダー分析』（日本評論社，2004），『学校教育の中のジェンダー：子どもと教師の調査から』（日本評論社，2009）ほか。

【共同執筆者】（執筆順）

村上郷子（むらかみ・きょうこ：第1章）

1965年生まれ。1990年東洋大学卒業。1992年ラッドフォード大学大学院修士課程修了。城西国際大学学務課勤務。2003年カンサス大学大学院修了。博士（Ph.D., 学術・教育学）。東京福祉大学助教授を経て，現在，法政大学他兼任講師。専門は教育政策。論文にGender, Social Policies, and Post-War Japanese Textbooks: A Content Analysis（カンサス大学博士論文，2003）ほか。

高野良子（たかの・よしこ：第2章，第7章）

1950年生まれ。県立高校教諭を退職後，専業主婦を経て，2002年日本女子大学大学院人間社会研究科博士課程後期単位取得満期退学。博士（教育学）。現在，植草学園大学教授。専門は教育社会学，女性教師研究。著書に『女性校長の登用とキャリアに関する研究—戦前期から1980年代までの公立小学校を対象として』日本女子大学叢書2（風間書房，2006），『教育社会学—現代教育のシステム分析』（共訳，J. バランタイン他著，牧野暢男・天童睦子監訳，東洋館出版社，2011）ほか。

執筆者紹介

池上　徹（いけがみ・とおる：第3章）

1970年生まれ。1994年関西学院大学卒業。2000年東京学芸大学大学院連合学校教育学研究科博士課程単位取得退学。現在，関西福祉科学大学健康福祉学部准教授。専門は教育社会学・教員養成論。論文・著書等に「大学院において養成される教員の専門性」『学校教育学研究論集』（第2号，1999），『教職基礎論』（サンライズ出版，2009）ほか。

木村育恵（きむら・いくえ：第4章）

1976年生まれ。2000年北海道教育大学函館校卒業。2006年東京学芸大学大学院連合学校教育学研究科博士課程修了。博士（教育学）。現在，北海道教育大学教育学部函館校准教授。専門は教育社会学，「ジェンダーと教育」研究。著書等に「教師文化におけるジェンダー」『学校教育の中のジェンダー』（分担執筆，日本評論社，2009），「男女平等教育実践をめぐる教師文化の構造」『教育社会学研究』（第84集，2009）ほか。

田口久美子（たぐち・くみこ：第5章）

1958年生まれ。1981年東京学芸大学卒業。1984年お茶の水女子大学大学院修士課程修了。現在，和洋女子大学教授。専門は教育心理学・発達心理学。著書に『中学・高校教師になるための教育心理学　改訂版』（分担執筆，有斐閣，2002），『小学生の生活とこころの発達』（分担執筆，福村出版，2009）ほか。

杉山二季（すぎやま・ふたき：第6章）

1975年生まれ。1998年東京大学教育学部卒業，2008年東京大学大学院教育学研究科博士課程単位取得退学。現在，駒澤大学，成城大学，埼玉工業大学非常勤講師。専門は授業研究，教師論。論文「小中学校における女性管理職のキャリア形成」（共著，東京大学大学院教育学研究科紀要，2005）ほか。

高校の「女性」校長が少ないのはなぜか
――都道府県別分析と女性校長インタビューから探る――

2011年11月1日　第1版第1刷発行
2013年4月10日　第1版第2刷発行

編著者　河野　銀子
　　　　村松　泰子

発行者　田中　千津子

発行所　株式会社　学文社

〒153-0064　東京都目黒区下目黒3-6-1
電話　03（3715）1501（代）
FAX　03（3715）2012
http://www.gakubunsha.com

©KAWANO Ginko, MURAMATSU Yasuko 2011
乱丁・落丁の場合は本社でお取替えします。
定価は売上カード，カバーに表示。

印刷　新灯印刷

ISBN 978-4-7620-2221-0